Aprender juntos

2

2º ano

CIÊNCIAS

ENSINO FUNDAMENTAL

ORGANIZADORA: EDIÇÕES SM
Obra coletiva concebida, desenvolvida e produzida por Edições SM.

São Paulo, 6ª edição, 2017

sm

***Aprender Juntos* Ciências 2**

Direção editorial M. Esther Nejm
Gerência editorial Cláudia Carvalho Neves
Gerência de *design* e produção André Monteiro
Edição executiva Robson Rocha
Edição: Alexandre Albuquerque da Silva, André Henrique Zamboni, Carolina Santos Taqueda, Helena Pacca, Juliana R. F. de Souza, Marcelo Viktor Gilge, Nathália Fernandes de Azevedo
Colaboração técnico-pedagógica: Nina Nazario
Suporte editorial Alzira Bertholim, Fernanda Fortunato, Giselle Marangon, Talita Vieira, Silvana Siqueira
Coordenação de preparação e revisão Cláudia Rodrigues do Espírito Santo
Preparação e revisão: Angélica Lau P. Soares, Cecília Farias, Eliana Vila Nova de Souza, Eliane Santoro, Fátima Valentina Cezare Pasculli, Izilda de Oliveira Pereira
Apoio de equipe: Beatriz Nascimento, Camila Durães Torres
Coordenação de *design* Gilciane Munhoz
***Design*:** Tiago Stéfano
Coordenação de arte Ulisses Pires, Juliano de Arruda Fernandes, Melissa Steiner Rocha Antunes
Edição de arte: Fernando Cesar Fernandes, Gabriela dos S. Rodrigues
Coordenação de iconografia Josiane Laurentino
Pesquisa iconográfica: Daniela Baraúna, Susan Eiko
Tratamento de imagem: Marcelo Casaro
Capa João Brito, Gilciane Munhoz
Ilustração da capa: A mascoteria
Projeto gráfico Estúdio Insólito
Editoração eletrônica Studio Layout
Ilustrações Al Stefano, Alexandre Matos, AMj Studio, André Aguiar, Bruna Ishihara, Camila de Godoy, Cecilia Iwashita, Dawidson França, Giz de Cera/Léo Fanelli, Hiroe Sasaki, Ilustra Cartoon, Osni Oliveira, Paulo Cesar Pereira, Ronaldo Barata, Studio Caparroz, Vicente Mendonça
Fabricação Alexander Maeda
Impressão Ricargraf

Elaboração de originais

Carolina Santos Taqueda
Bacharela e licenciada em Ciências Biológicas pelo Instituto de Biociências da Universidade de São Paulo (conclusão em 2006). Mestra em Ciências (área de concentração: Ecologia) pelo Instituto de Biociências da Universidade de São Paulo (conclusão em 2010). Editora e elaboradora de conteúdo para livros didáticos no Ensino Fundamental I, no Ensino Fundamental II e no Ensino Médio.

Dados Internacionais de Catalogação na Publicação (CIP)
(Câmara Brasileira do Livro, SP, Brasil)

Aprender juntos ciências, 2º ano : ensino fundamental / organizadora Edições SM ; obra coletiva concebida, desenvolvida e produzida por Edições SM ; editor responsável Robson Rocha. — 6. ed. — São Paulo : Edições SM, 2017. — (Aprender juntos)

Suplementado pelo manual do professor.
Vários autores.
Bibliografia.
ISBN 978-85-418-1911-4 (aluno)
ISBN 978-85-418-1912-1 (professor)

1. Ciências (Ensino fundamental) I. Rocha, Robson. II. Série.

17-09289 CDD-372.35

Índices para catálogo sistemático:
1. Ciências : Ensino fundamental 372.35

6ª edição, 2017
2ª impressão, janeiro 2019

Edições SM Ltda.
Rua Tenente Lycurgo Lopes da Cruz, 55
Água Branca 05036-120 São Paulo SP Brasil
Tel. 11 2111-7400
edicoessm@grupo-sm.com
www.edicoessm.com.br

educamos·sm

Caro aluno, seja bem-vindo à sua plataforma do conhecimento!

A partir de agora, você tem à sua disposição uma plataforma que reúne, em um só lugar, recursos educacionais digitais que complementam os livros impressos e são desenvolvidos especialmente para auxiliar você em seus estudos. Veja como é fácil e rápido acessar os recursos deste projeto.

1 Faça a ativação dos códigos dos seus livros.

Se você NÃO tiver cadastro na plataforma:

- Para acessar os recursos digitais, você precisa estar cadastrado na plataforma educamos.sm. Em seu computador, acesse o endereço <**br.educamos.sm**>.
- No canto superior direito, clique em "**Primeiro acesso? Clique aqui**". Para iniciar o cadastro, insira o código indicado abaixo.
- Depois de incluir todos os códigos, clique em "**Registrar-se**" e, em seguida, preencha o formulário para concluir esta etapa.

Se você JÁ fez cadastro na plataforma:

- Em seu computador, acesse a plataforma e faça o *login* no canto superior direito.
- Em seguida, você visualizará os livros que já estão ativados em seu perfil. Clique no botão "**Adicionar livro**" e insira o código abaixo.

LIVRO AJ CIENCIAS 2 (LA) ED 2018

Este é o seu código de ativação! → **DKVFG-L4SBR-AGY3P**

2 Acesse os recursos.

Usando um computador

Acesse o endereço <**br.educamos.sm**> e faça o *login* no canto superior direito. Nessa página, você visualizará todos os seus livros cadastrados. Para acessar o livro desejado, basta clicar na sua capa.

Usando um dispositivo móvel

Instale o aplicativo **educamos.sm**, que está disponível gratuitamente na loja de aplicativos do dispositivo. Utilize o mesmo *login* e a mesma senha da plataforma para acessar o aplicativo.

Importante! Não se esqueça de sempre cadastrar seus livros da SM em seu perfil. Assim, você garante a visualização dos seus conteúdos, seja no computador, seja no dispositivo móvel. Em caso de dúvida, entre em contato com nosso canal de atendimento pelo **telefone 0800 72 54876** ou pelo ***e-mail*** **atendimento@grupo-sm.com**.

sm

00831

APRESENTAÇÃO

CARO ALUNO,

ESTE LIVRO FOI CUIDADOSAMENTE PENSADO PARA AJUDÁ-LO A CONSTRUIR UMA APRENDIZAGEM SÓLIDA E CHEIA DE SIGNIFICADOS QUE LHE SEJAM ÚTEIS NÃO SOMENTE HOJE, MAS TAMBÉM NO FUTURO. NELE, VOCÊ VAI ENCONTRAR ESTÍMULOS PARA CRIAR, EXPRESSAR IDEIAS E PENSAMENTOS, REFLETIR SOBRE O QUE APRENDE, TROCAR EXPERIÊNCIAS E CONHECIMENTOS.

OS TEMAS, OS TEXTOS, AS IMAGENS E AS ATIVIDADES PROPOSTOS NESTE LIVRO OFERECEM OPORTUNIDADES PARA QUE VOCÊ SE DESENVOLVA COMO ESTUDANTE E COMO CIDADÃO, CULTIVANDO VALORES UNIVERSAIS COMO RESPONSABILIDADE, RESPEITO, SOLIDARIEDADE, LIBERDADE E JUSTIÇA.

ACREDITAMOS QUE É POR MEIO DE ATITUDES POSITIVAS E CONSTRUTIVAS QUE SE CONQUISTAM AUTONOMIA E CAPACIDADE PARA TOMAR DECISÕES ACERTADAS, RESOLVER PROBLEMAS E SUPERAR CONFLITOS.

ESPERAMOS QUE ESTE MATERIAL DIDÁTICO CONTRIBUA PARA SEU DESENVOLVIMENTO E PARA SUA FORMAÇÃO.

BONS ESTUDOS!

EQUIPE EDITORIAL

Cecília Iwashita/ID/BR

CONHEÇA SEU LIVRO

CONHECER SEU LIVRO DIDÁTICO VAI AJUDAR VOCÊ A APROVEITAR MELHOR AS OPORTUNIDADES DE APRENDIZAGEM QUE ELE OFERECE.

ESTE VOLUME CONTÉM DOZE CAPÍTULOS. VEJA COMO CADA CAPÍTULO ESTÁ ORGANIZADO.

CAPÍTULO 9 As partes das plantas

Joaquim e Márcia estão sob a sombra de uma árvore. Veja sobre o que eles conversam.

- Você sabe qual é o nome dessa árvore? Como descobriu?
- Se você tivesse que descrever essa árvore para alguém, diria que ela é alta ou baixa? Que informações você usou para descobrir o tamanho dela?
- Quais partes da árvore você consegue ver na imagem? Existe alguma parte dela que não aparece na cena?

92 noventa e dois

ABERTURA DE CAPÍTULO

ESSA PÁGINA MARCA O INÍCIO DE UM CAPÍTULO. TEXTOS, IMAGENS VARIADAS E ATIVIDADES VÃO FAZER VOCÊ PENSAR E CONVERSAR PREVIAMENTE SOBRE OS TEMAS QUE SERÃO DESENVOLVIDOS AO LONGO DO CAPÍTULO.

DESENVOLVIMENTO DO ASSUNTO

OS TEXTOS, AS IMAGENS E AS ATIVIDADES DESTAS PÁGINAS VÃO PERMITIR QUE VOCÊ COMPREENDA O CONTEÚDO QUE ESTÁ SENDO APRESENTADO.

1 LEIA O TEXTO E OBSERVE AS FOTOS.

O JOÃO-DE-BARRO PERCEBE A DIREÇÃO DO VENTO E CONSTRÓI SEU NINHO NA DIREÇÃO CONTRÁRIA. ASSIM, A FÊMEA E OS FILHOTES FICAM PROTEGIDOS DA CHUVA E DAS VENTANIAS.

FASES DA CONSTRUÇÃO DO NINHO DO JOÃO-DE-BARRO.

TEXTO PARA FINS DIDÁTICOS.

A. POR QUE O NINHO É UM ABRIGO PARA O JOÃO-DE-BARRO?

B. QUE MATERIAL ESSA AVE USA PARA FAZER O NINHO? COMO VOCÊ SABE DISSO?

2 LIGUE AS IMAGENS À DESCRIÇÃO DO ABRIGO DE CADA ANIMAL.

MOREIA — PERERECA — ESQUILO

TRONCO OCO DE ÁRVORE. — FENDA ENTRE ROCHAS NO MAR. — ENTRE AS FOLHAS DE BROMÉLIA.

TODO SER VIVO TEM UMA CASA
DISPONÍVEL EM: <http://www.e-learningforkids.org/environmental-skills/lesson/todo-ser-vivo-tem-uma-casa/>. ACESSO EM: 6 AGO. 2017.
NESSE DIVERTIDO JOGO, SUA TAREFA É TENTAR FAZER COM QUE CADA ANIMAL ENCONTRE SUA CASA.

SESSENTA E SETE 67

SUGESTÃO DE *SITE*

AS SUGESTÕES DE *SITES* PERMITEM EXPLORAR E APROFUNDAR OS CONHECIMENTOS RELACIONADOS AOS TEMAS ESTUDADOS.

NA PRÁTICA

ESSA SEÇÃO INCLUI ATIVIDADES PRÁTICAS QUE ENVOLVEM A OBSERVAÇÃO DE FENÔMENOS E O LEVANTAMENTO DE SUPOSIÇÕES.

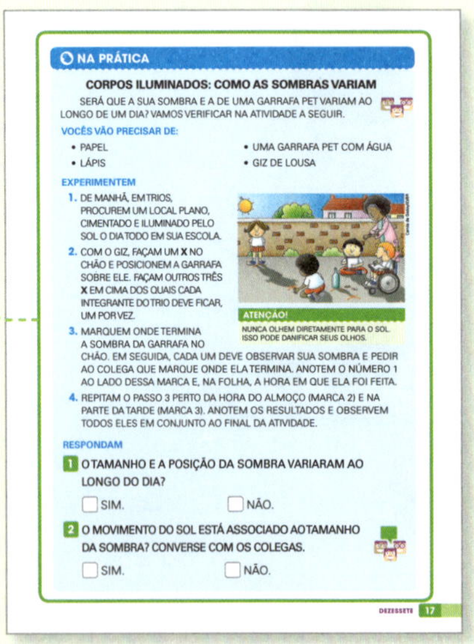
NA PRÁTICA

CORPOS ILUMINADOS: COMO AS SOMBRAS VARIAM

SERÁ QUE A SUA SOMBRA E A DE UMA GARRAFA PET VARIAM AO LONGO DE UM DIA? VAMOS VERIFICAR NA ATIVIDADE A SEGUIR.

VOCÊS VÃO PRECISAR DE:
- PAPEL
- LÁPIS
- UMA GARRAFA PET COM ÁGUA
- GIZ DE LOUSA

EXPERIMENTEM

1. DE MANHÃ, EM TRIOS, PROCUREM UM LOCAL PLANO, CIMENTADO E ILUMINADO PELO SOL O DIA TODO EM SUA ESCOLA.
2. COM O GIZ, FAÇAM UM X NO CHÃO E POSICIONEM A GARRAFA SOBRE ELE. FAÇAM OUTROS TRÊS X EM CIMA DOS QUAIS CADA INTEGRANTE DO TRIO DEVE FICAR, UM POR VEZ.
3. MARQUEM ONDE TERMINA A SOMBRA DA GARRAFA NO CHÃO. EM SEGUIDA, CADA UM DEVE OBSERVAR SUA SOMBRA E PEDIR AO COLEGA QUE MARQUE ONDE ELA TERMINA. ANOTEM O NÚMERO 1 AO LADO DESSA MARCA E, NA FOLHA, A HORA EM QUE ELA FOI FEITA.
4. REPITAM O PASSO 3 PERTO DA HORA DO ALMOÇO (MARCA 2) E NA PARTE DA TARDE (MARCA 3). ANOTEM OS RESULTADOS E OBSERVEM TODOS ELES EM CONJUNTO AO FINAL DA ATIVIDADE.

ATENÇÃO! NUNCA OLHEM DIRETAMENTE PARA O SOL. ISSO PODE DANIFICAR SEUS OLHOS.

RESPONDAM

1 O TAMANHO E A POSIÇÃO DA SOMBRA VARIARAM AO LONGO DO DIA?
SIM. NÃO.

2 O MOVIMENTO DO SOL ESTÁ ASSOCIADO AO TAMANHO DA SOMBRA? CONVERSE COM OS COLEGAS.
SIM. NÃO.

DEZESSETE 17

DURANTE O DIA, A POSIÇÃO DO SOL NO CÉU MUDA EM RELAÇÃO AO **HORIZONTE**. NO INÍCIO E NO FINAL DO DIA, O SOL FICA PRÓXIMO DO HORIZONTE. NO BRASIL, PERTO DO MEIO-DIA, O SOL ESTÁ ALTO NO CÉU.

HORIZONTE: LINHA DISTANTE NA QUAL O CÉU E A TERRA OU O MAR PARECEM SE TOCAR.

O SOL FICA BEM BAIXO NO CÉU DURANTE O NASCER E O PÔR DO SOL (À ESQUERDA). PRÓXIMO AO MEIO-DIA, O SOL FICA BEM MAIS ALTO NO CÉU (À DIREITA).

DE MANHÃ E AO FINAL DO DIA, AS SOMBRAS DOS OBJETOS SÃO LONGAS. PERTO DO MEIO-DIA, COM O SOL BEM ALTO, AS SOMBRAS SÃO BEM MAIS CURTAS. VEJA ABAIXO.

QUANTO MAIS ALTO O SOL FICA NO CÉU, MAIS CURTAS SÃO AS SOMBRAS FORMADAS PELOS OBJETOS.

2 OBSERVE AS IMAGENS ACIMA E RESPONDA: POR QUE AS SOMBRAS MUDAM AO LONGO DO DIA? CONVERSE COM OS COLEGAS E O PROFESSOR.

ONZE 11

GLOSSÁRIO

AO LONGO DO LIVRO, VOCÊ VAI ENCONTRAR UMA BREVE EXPLICAÇÃO DE ALGUMAS PALAVRAS E EXPRESSÕES QUE TALVEZ VOCÊ NÃO CONHEÇA.

FINALIZANDO O CAPÍTULO

NO FIM DOS CAPÍTULOS, HÁ SEÇÕES QUE BUSCAM AMPLIAR SEUS CONHECIMENTOS SOBRE A LEITURA DE IMAGENS, A DIVERSIDADE CULTURAL E OS CONTEÚDOS ABORDADOS NO CAPÍTULO.

A SEÇÃO **VAMOS LER IMAGENS!** PROPÕE A ANÁLISE DE UMA OU MAIS IMAGENS E É ACOMPANHADA DE ATIVIDADES QUE VÃO AJUDAR VOCÊ A COMPREENDER DIFERENTES TIPOS DE IMAGEM.

NA SEÇÃO **PESSOAS E LUGARES** VOCÊ VAI CONHECER ALGUMAS CARACTERÍSTICAS CULTURAIS DE DIFERENTES COMUNIDADES.

AS ATIVIDADES DA SEÇÃO **APRENDER SEMPRE** SÃO UMA OPORTUNIDADE PARA VOCÊ VERIFICAR O QUE APRENDEU, ANALISAR OS ASSUNTOS ESTUDADOS EM CADA CAPÍTULO E REFLETIR SOBRE ELES.

MATERIAL COMPLEMENTAR

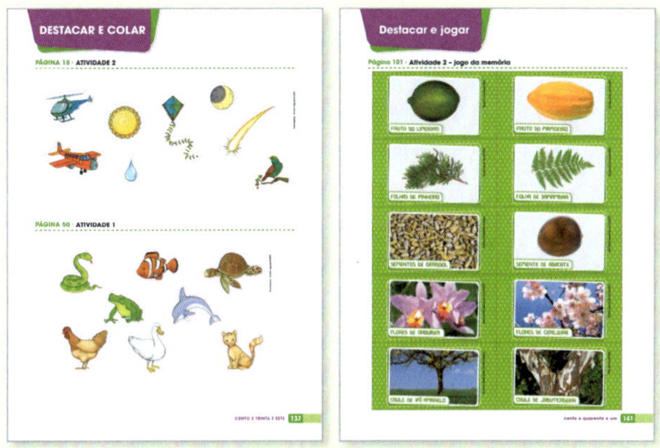

NO FINAL DO LIVRO, VOCÊ VAI ENCONTRAR MATERIAL COMPLEMENTAR PARA USAR EM ALGUMAS ATIVIDADES.

ÍCONES USADOS NO LIVRO

ATIVIDADE ORAL

ATIVIDADE EM DUPLA

ATIVIDADE EM GRUPO

CORES-FANTASIA

SABER SER

SINALIZA MOMENTOS PROPÍCIOS PARA PROFESSOR E ALUNOS REFLETIREM SOBRE QUESTÕES RELACIONADAS A VALORES.

REPRESENTAÇÃO SEM PROPORÇÃO DE TAMANHO E/OU DISTÂNCIA ENTRE OS ELEMENTOS.

ESCALA

INFORMA OS VALORES MÉDIOS DE COMPRIMENTO, LARGURA OU ALTURA DO SER VIVO MOSTRADO NA FOTO.

RECURSO DIGITAL

SUMÁRIO

Bruna Ishihara/ID/BR

Al Stefano/ID/BR

CAPÍTULO 1
O CÉU

AO OLHAR PARA O CÉU EM DIFERENTES MOMENTOS DO DIA, PODEMOS VER QUANTO ELE PODE MUDAR. AS IMAGENS ABAIXO ILUSTRAM ESSE ACONTECIMENTO.

CÉU DURANTE O DIA.

CÉU DURANTE A NOITE.

Ilustrações: André Aguiar/ID/BR

- OBSERVE AS IMAGENS E RESPONDA: O QUE PODE SER VISTO NO CÉU DURANTE O DIA? E À NOITE?
- DE ONDE VEM A LUZ QUE ILUMINA O DIA?
- O QUE ACONTECE COM A APARÊNCIA DA LUA AO LONGO DOS DIAS?

OBSERVANDO O CÉU

QUANDO ESTAMOS AO AR LIVRE E OLHAMOS PARA CIMA, VEMOS O CÉU. DURANTE O DIA, PODEMOS VER O **SOL**, PÁSSAROS, AVIÕES E NUVENS NO CÉU. À NOITE, PODEMOS VER A **LUA** E MUITAS **ESTRELAS** BRILHANDO NO CÉU.

ALGUNS **PLANETAS** TAMBÉM SÃO VISÍVEIS À NOITE. A OLHO NU, ELES SE PARECEM COM ESTRELAS.

ÀS VEZES, SURGEM RISCOS LUMINOSOS QUE LOGO SE APAGAM NO CÉU NOTURNO, COMO NA IMAGEM AO LADO. SÃO OS **METEOROS**, QUE OCORREM QUANDO HÁ QUEIMA DE ALGUM MATERIAL ROCHOSO NA ATMOSFERA, O QUE GERA O EFEITO LUMINOSO.

Dan Kitwood/Getty Images

METEORO VISTO NO CÉU DA INGLATERRA EM 12 DE AGOSTO DE 2016. NA FOTO, O METEORO É O RISQUINHO CLARO NO CÉU.

AS ESTRELAS, OS PLANETAS, OS METEOROS E OUTROS ELEMENTOS, COMO A LUA E OS COMETAS, SÃO CHAMADOS DE **ASTROS** OU **CORPOS CELESTES**.

1 VOCÊ GOSTA MAIS DE OBSERVAR O CÉU DE DIA OU À NOITE? POR QUÊ?

2 DESENHE NO CADERNO O QUE VOCÊ MAIS GOSTA DE ADMIRAR NO CÉU DURANTE O DIA OU DURANTE A NOITE.

TOCANDO ESTRELAS

DISPONÍVEL EM: <http://chc.org.br/tocando-estrelas/>. ACESSO EM: 29 AGO. 2017.

NESSE *LINK*, HÁ UM TEXTO SOBRE UM PLANETÁRIO ESPECIAL ONDE É POSSÍVEL TOCAR AS ESTRELAS. ESSE EQUIPAMENTO FOI CONSTRUÍDO, PRINCIPALMENTE, PARA AJUDAR QUEM NÃO ENXERGA A CONHECER MELHOR PLANETAS, ESTRELAS E CONSTELAÇÕES.

ASTROS LUMINOSOS

ALGUNS ASTROS PRODUZEM E **EMITEM** LUZ E CALOR E SÃO CHAMADOS DE **ASTROS LUMINOSOS**. AS **ESTRELAS** SÃO ASTROS LUMINOSOS.

O SOL

O **SOL** É UMA ESTRELA. NO ENTANTO, O QUE FAZ O SOL PARECER TÃO MAIOR QUE AS ESTRELAS DO CÉU NOTURNO É QUE ELE ESTÁ MAIS PRÓXIMO DA TERRA DO QUE ESSES OUTROS ASTROS. POR ESTAREM BASTANTE LONGE DA TERRA, ESSAS ESTRELAS PARECEM PONTINHOS BRILHANTES NO CÉU.

O SOL EMITE MUITA LUZ E CALOR, QUE CHEGAM ATÉ NÓS, NA TERRA. A LUZ DO SOL IMPEDE QUE VEJAMOS O BRILHO DE OUTRAS ESTRELAS DURANTE O DIA, MAS ELAS TAMBÉM ESTÃO LÁ NO CÉU.

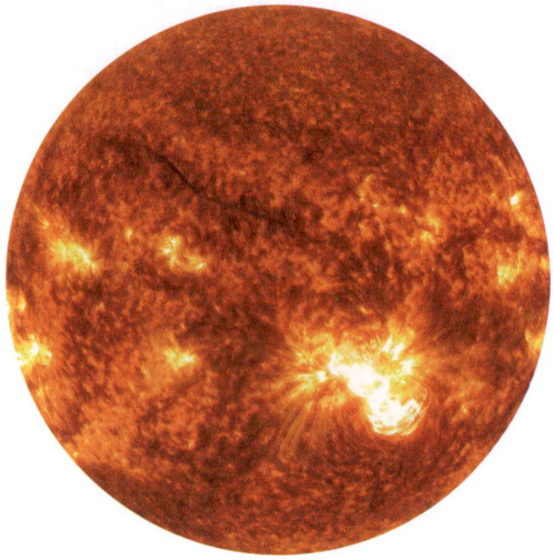

NASA/SDO

ESSA IMAGEM DO SOL FOI OBTIDA POR MEIO DE UM **TELESCÓPIO**.

EMITIR: LANÇAR.
TELESCÓPIO: INSTRUMENTO QUE AUMENTA A IMAGEM DE OBJETOS DISTANTES.

ATENÇÃO!

NUNCA OLHEM DIRETAMENTE PARA O SOL. ISSO PODE DANIFICAR SEUS OLHOS.

1 NO DESENHO ABAIXO, MARQUE O OBJETO QUE FAZ O PAPEL DO SOL.

André Aguiar/ID/BR

DURANTE O DIA, A POSIÇÃO DO SOL NO CÉU MUDA EM RELAÇÃO AO **HORIZONTE**. NO INÍCIO E NO FINAL DO DIA, O SOL FICA PRÓXIMO DO HORIZONTE.

NO BRASIL, PERTO DO MEIO-DIA, O SOL ESTÁ ALTO NO CÉU.

HORIZONTE: LINHA DISTANTE NA QUAL O CÉU E A TERRA OU O MAR PARECEM SE TOCAR.

Fotografias: Fabio Colombini/Acervo do fotógrafo

O SOL FICA BEM BAIXO NO CÉU DURANTE O NASCER E O PÔR DO SOL (À ESQUERDA). PRÓXIMO AO MEIO-DIA, O SOL FICA BEM MAIS ALTO NO CÉU (À DIREITA).

DE MANHÃ E AO FINAL DO DIA, AS SOMBRAS DOS OBJETOS SÃO LONGAS. PERTO DO MEIO-DIA, COM O SOL BEM ALTO, AS SOMBRAS SÃO BEM MAIS CURTAS. VEJA ABAIXO.

Ilustrações: André Aguiar/ID/BR

QUANTO MAIS ALTO O SOL FICA NO CÉU, MAIS CURTAS SÃO AS SOMBRAS FORMADAS PELOS OBJETOS.

2 OBSERVE AS IMAGENS ACIMA E RESPONDA: POR QUE AS SOMBRAS MUDAM AO LONGO DO DIA? CONVERSE COM OS COLEGAS E O PROFESSOR.

NA PRÁTICA

O CALOR DO SOL E OS DIFERENTES MATERIAIS

APRENDEMOS QUE O SOL EMITE CALOR E QUE ESSE CALOR CHEGA ATÉ NÓS, NA TERRA. MAS SERÁ QUE TODOS OS MATERIAIS SE AQUECEM IGUALMENTE QUANDO EXPOSTOS AO CALOR EMITIDO PELO SOL?

NESTA ATIVIDADE VAMOS OBSERVAR QUAL MATERIAL ESQUENTA MAIS QUANDO EXPOSTO AO SOL: A AREIA OU A TERRA DE VASO? O PLÁSTICO OU O ALUMÍNIO? E QUAL SUPERFÍCIE ESQUENTA MAIS: A CLARA OU A ESCURA?

VOCÊ VAI PRECISAR DE:

- TRÊS COPOS DE PLÁSTICO BRANCO (UM DELES SERÁ PINTADO DE PRETO PELO PROFESSOR)
- UM COPO DE ALUMÍNIO
- ÁGUA
- QUATRO COLHERES (DE SOPA) DE TERRA PARA VASO
- QUATRO COLHERES (DE SOPA) DE AREIA
- UM TERMÔMETRO

EXPERIMENTE

1. COLOQUE QUATRO COLHERES DE SOPA DE AREIA EM UM DOS COPOS BRANCOS.
2. COLOQUE QUATRO COLHERES DE SOPA DE TERRA PARA VASO EM OUTRO COPO BRANCO.
3. ENCHA O TERCEIRO COPO BRANCO, O COPO PRETO E O COPO DE ALUMÍNIO COM A MESMA QUANTIDADE DE ÁGUA.
4. COLOQUE OS QUATRO COPOS EM UM LOCAL QUE RECEBA BASTANTE SOL POR PELO MENOS 2 HORAS. DEPOIS, MEÇA A TEMPERATURA DO CONTEÚDO DE CADA COPO COM O TERMÔMETRO E ANOTE EM UMA TABELA OS VALORES OBTIDOS.

Sérgio Dotta JR./ID/BR

MONTAGEM DA ATIVIDADE. OS COPOS DE PLÁSTICO PODEM SER SUBSTITUÍDOS POR COPOS DESCARTÁVEIS, COMO MOSTRA A IMAGEM.

RESPONDA

1 EM QUAL COPO O CONTEÚDO FICOU MAIS QUENTE? MARQUE COM UM **X**.

☐ 

Fotografias: Sérgio Dotta JR./ID/BR

COPO BRANCO COM AREIA.

☐ 

COPO BRANCO COM TERRA PARA VASO.

☐ 

COPO BRANCO COM ÁGUA.

☐ 

COPO PRETO COM ÁGUA.

☐ 

COPO DE PLÁSTICO COM ÁGUA.

☐ 

COPO DE ALUMÍNIO COM ÁGUA.

2 OS RESULTADOS DO EXPERIMENTO COMPROVARAM SUAS RESPOSTAS ÀS PERGUNTAS NO COMEÇO DA ATIVIDADE? EXPLIQUE.

____

____

3 SE VOCÊ QUISESSE USAR UMA CAMISETA QUE ESQUENTASSE O MENOS POSSÍVEL SEU CORPO, ELA SERIA:

☐ BRANCA. ☐ PRETA.

- DISCUTA SUA RESPOSTA COM OS COLEGAS E O PROFESSOR.

ASTROS ILUMINADOS

ALGUNS ASTROS, COMO PLANETAS E SATÉLITES NATURAIS, NÃO PRODUZEM LUZ. SÃO OS **ASTROS ILUMINADOS**.

OS PLANETAS GIRAM AO REDOR DE UMA ESTRELA. É O CASO DA TERRA, QUE GIRA EM TORNO DO SOL. OS SATÉLITES NATURAIS GIRAM EM TORNO DE UM PLANETA. A LUA É O SATÉLITE NATURAL QUE GIRA AO REDOR DA TERRA.

Palê Zuppani/Pulsar Imagens

O SOL ILUMINA A LUA, QUE REFLETE PARTE DESSA LUZ EM DIREÇÃO À TERRA. OBSERVE A LUZ REFLETIDA NA ÁGUA.

OS PLANETAS E OS SATÉLITES NATURAIS SÃO ILUMINADOS PELA LUZ DA ESTRELA AO REDOR DA QUAL GIRAM. A TERRA E A LUA SÃO ILUMINADAS PELA LUZ DO SOL, POR EXEMPLO.

1 **OBSERVE A IMAGEM E RESPONDA AO QUE SE PEDE.**

A. A IMAGEM MOSTRA UM ASTRO:

☐ LUMINOSO.

☐ ILUMINADO.

B. COMO VOCÊ CHEGOU A ESSA CONCLUSÃO?

GOES Project/NOAA/NASA

PLANETA TERRA VISTO DO ESPAÇO. IMAGEM OBTIDA POR SATÉLITE.

2 **QUE PLANETAS OU ESTRELAS VOCÊ CONHECE?**

ENXERGANDO OS ASTROS À NOITE

ACESSE O RECURSO DIGITAL

AS ESTRELAS, OS PLANETAS, A LUA E OS COMETAS SÃO EXEMPLOS DE ASTROS QUE PODEMOS ENXERGAR NO CÉU NOTURNO A OLHO NU, OU SEJA, SEM USARMOS QUALQUER INSTRUMENTO.

VEMOS AS ESTRELAS PORQUE ELAS PRODUZEM LUZ. COMETAS REFLETEM LUZ QUANDO SE APROXIMAM DO SOL.

PLANETAS E SATÉLITES NATURAIS NÃO PRODUZEM LUZ. NÓS OS VEMOS PORQUE ELES SÃO ILUMINADOS POR ESTRELAS.

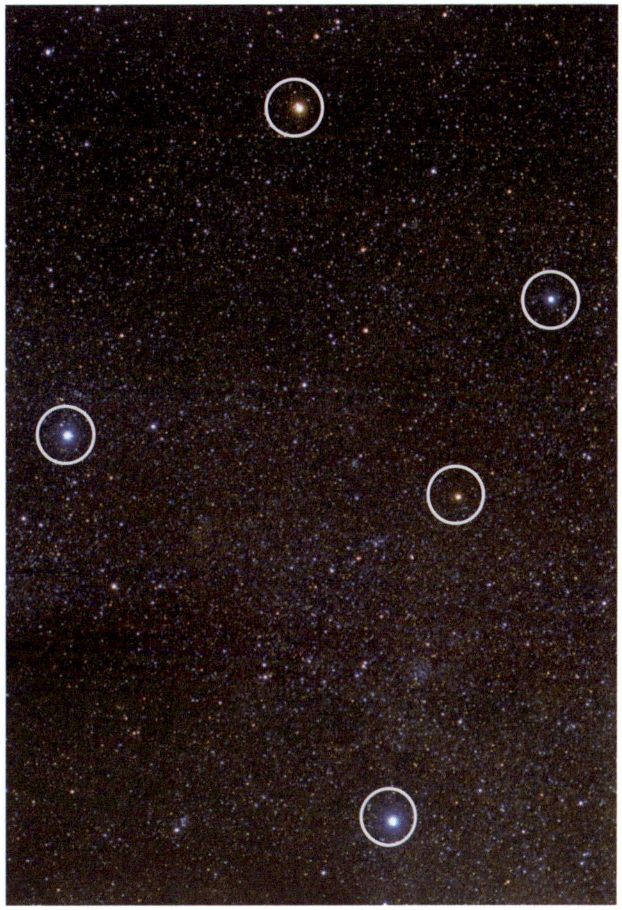

Cicero L. S. Neto/Acervo do fotógrafo

AS ESTRELAS DESTACADAS SÃO FACILMENTE OBSERVADAS NO BRASIL. OS DEMAIS PONTOS TAMBÉM SÃO ESTRELAS E OUTROS CORPOS CELESTES.

A ILUMINAÇÃO PÚBLICA DAS RUAS OFUSCA O BRILHO DOS ASTROS. POR ISSO, VEMOS POUCAS ESTRELAS EM CIDADES MUITO ILUMINADAS E MUITAS ESTRELAS EM LOCAIS COM POUCA OU NENHUMA ILUMINAÇÃO.

TANTO PLANETAS QUANTO ESTRELAS MUDAM APARENTEMENTE DE POSIÇÃO NO CÉU AO LONGO DO TEMPO.

3 A POSIÇÃO DA LUA NO CÉU MUDA AO LONGO DA NOITE?

☐ SIM. ☐ NÃO.

- DISCUTA SUA RESPOSTA COM OS COLEGAS E O PROFESSOR.

A LUA

A **LUA** É O ÚNICO SATÉLITE NATURAL DA TERRA. QUANDO VISTA DA TERRA, A APARÊNCIA DA LUA MUDA AO LONGO DO MÊS. A LUA TEM SEMPRE UMA METADE ILUMINADA PELO SOL E OUTRA QUE NÃO É ILUMINADA.

ÀS VEZES, NÓS VEMOS TODA A METADE LUNAR ILUMINADA PELO SOL, FORMANDO UM GRANDE CÍRCULO. DEPOIS, A VISÃO DESSA PORÇÃO ILUMINADA DA LUA VAI FICANDO CADA VEZ MENOR, COMO A PONTA DE UMA UNHA, ATÉ SUMIR DAS NOSSAS VISTAS NO CÉU. EM SEGUIDA, A PARTE ILUMINADA DA LUA VAI AUMENTANDO ATÉ QUE É POSSÍVEL VER TODA A METADE LUNAR ILUMINADA PELO SOL NOVAMENTE.

NASA/GSFC/Arizona State University

IMAGEM DA LUA OBTIDA POR MEIO DE TELESCÓPIO. REPARE NA QUANTIDADE DE CRATERAS.

A SUPERFÍCIE DA LUA

A SUPERFÍCIE DA LUA É FORMADA POR ROCHAS E POEIRA. NELA, EXISTEM MUITOS BURACOS DE DIFERENTES TAMANHOS, CHAMADOS **CRATERAS**.

AS CRATERAS DA LUA FORAM FORMADAS POR **METEORITOS** QUE COLIDIRAM COM SUA SUPERFÍCIE.

METEORITO: CORPO CELESTE, BEM MENOR EM RELAÇÃO AOS PLANETAS, POR EXEMPLO, QUE SE MOVE PELO ESPAÇO E ATINGE A SUPERFÍCIE DE UM ASTRO MAIOR, COMO A TERRA.

NA LUA NÃO EXISTE CHUVA NEM VENTO. POR CAUSA DISSO, AS CRATERAS PERMANECEM SEMPRE IGUAIS.

AS BELEZAS DO CÉU

DISPONÍVEL EM: <http://www.stellarium.org/pt/>. ACESSO EM: 29 AGO. 2017.

NESSE *SITE*, É POSSÍVEL ACESSAR UM PROGRAMA QUE MOSTRA O CÉU COMO O VEMOS. PEÇA AJUDA A UM ADULTO PARA INSTALAR E OPERAR O PROGRAMA AJUSTADO PARA O LOCAL ONDE VOCÊ MORA.

NA PRÁTICA

CORPOS ILUMINADOS: COMO AS SOMBRAS VARIAM

SERÁ QUE A SUA SOMBRA E A DE UMA GARRAFA PET VARIAM AO LONGO DE UM DIA? VAMOS VERIFICAR NA ATIVIDADE A SEGUIR.

VOCÊS VÃO PRECISAR DE:

- PAPEL
- LÁPIS
- UMA GARRAFA PET COM ÁGUA
- GIZ DE LOUSA

EXPERIMENTEM

Camila de Godoy/ID/BR

1. DE MANHÃ, EM TRIOS, PROCUREM UM LOCAL PLANO, CIMENTADO E ILUMINADO PELO SOL O DIA TODO EM SUA ESCOLA.
2. COM O GIZ, FAÇAM UM **X** NO CHÃO E POSICIONEM A GARRAFA SOBRE ELE. FAÇAM OUTROS TRÊS **X** EM CIMA DOS QUAIS CADA INTEGRANTE DO TRIO DEVE FICAR, UM POR VEZ.
3. MARQUEM ONDE TERMINA A SOMBRA DA GARRAFA NO CHÃO. EM SEGUIDA, CADA UM DEVE OBSERVAR SUA SOMBRA E PEDIR AO COLEGA QUE MARQUE ONDE ELA TERMINA. ANOTEM O NÚMERO 1 AO LADO DESSA MARCA E, NA FOLHA, A HORA EM QUE ELA FOI FEITA.
4. REPITAM O PASSO 3 PERTO DA HORA DO ALMOÇO (MARCA 2) E NA PARTE DA TARDE (MARCA 3). ANOTEM OS RESULTADOS E OBSERVEM TODOS ELES EM CONJUNTO AO FINAL DA ATIVIDADE.

ATENÇÃO!

NUNCA OLHEM DIRETAMENTE PARA O SOL. ISSO PODE DANIFICAR SEUS OLHOS.

RESPONDAM

1 O TAMANHO E A POSIÇÃO DA SOMBRA VARIARAM AO LONGO DO DIA?

☐ SIM. ☐ NÃO.

2 O MOVIMENTO DO SOL ESTÁ ASSOCIADO AO TAMANHO DA SOMBRA? CONVERSE COM OS COLEGAS.

☐ SIM. ☐ NÃO.

APRENDER SEMPRE

1 OBSERVE AS CENAS ABAIXO E FAÇA O QUE SE PEDE.

Ilustrações: Cecília Iwashita/ID/BR

A. CIRCULE O QUE HÁ DE ERRADO NESSAS CENAS.

B. NESSAS CENAS, QUAIS SÃO OS CORPOS LUMINOSOS? E OS ILUMINADOS?

____

____

2 NA PÁGINA 137 HÁ VÁRIAS FIGURAS. DESTAQUE E COLE NO ESPAÇO ABAIXO APENAS AS FIGURAS QUE REPRESENTAM ASTROS.

3 NOS DIAS FRIOS É ACONSELHÁVEL USAR ROUPAS ESCURAS PARA SE MANTER AQUECIDO DURANTE O DIA. POR QUÊ?

4 DURANTE A PRIMEIRA VIAGEM DO SER HUMANO À LUA, EM 20 DE JULHO DE 1969, UM DOS ASTRONAUTAS DA NAVE ESPACIAL APOLLO 11 DEIXOU UMA PEGADA NO SOLO LUNAR. VEJA A FOTO AO LADO.

Everett Historical/Shutterstock.com/ID/BR

- AO CONTRÁRIO DO QUE OCORRE AQUI NA TERRA, É PROVÁVEL QUE ESSA PEGADA NÃO TENHA SOFRIDO NENHUMA ALTERAÇÃO ATÉ HOJE. POR QUÊ?

5 OS ASTRÔNOMOS SÃO CIENTISTAS QUE ESTUDAM OS ASTROS E O UNIVERSO. ELES USAM EQUIPAMENTOS COMO O TELESCÓPIO PARA VISUALIZAR O CÉU.

Larry Landolfi/Science Source/Getty Images

Dan Kitwood/Getty Images

A: TELESCÓPIOS MUITO GRANDES SÃO INSTALADOS EM OBSERVATÓRIOS ASTRONÔMICOS COMO ESSE NO TEXAS (NOS ESTADOS UNIDOS).
B: OS TELESCÓPIOS MENORES SÃO MAIS PRÁTICOS, MAS MENOS POTENTES. SÃO BASTANTE USADOS POR CIENTISTAS E PESSOAS EM GERAL PARA OBSERVAR OS ASTROS.

- VOCÊ ACHA QUE CURIOSIDADE E IMAGINAÇÃO SÃO IMPORTANTES PARA UM ASTRÔNOMO? POR QUÊ?

CAPÍTULO 2 OS AMBIENTES DA TERRA

OS SERES VIVOS PODEM VIVER NOS LUGARES MAIS DIVERSOS DO PLANETA TERRA, COMO NO MAR, NAS MATAS, NAS FAZENDAS OU NAS CIDADES.

- O QUE VOCÊ VÊ NO AMBIENTE REPRESENTADO ACIMA? DESCREVA.
- DO QUE OS ANIMAIS RETRATADOS NAS FOTOS ESTÃO SE ALIMENTANDO?
- EM QUE LOCAIS DESSE AMBIENTE PODERÍAMOS ENCONTRAR CADA UM DOS ANIMAIS RETRATADOS?
- ALÉM DOS ANIMAIS, HÁ OUTROS SERES VIVOS NA IMAGEM? EM CASO AFIRMATIVO, QUAIS?

A TERRA TEM MUITOS AMBIENTES

O AMBIENTE É TUDO O QUE ESTÁ A NOSSA VOLTA, AQUILO QUE PODEMOS VER OU SENTIR DE ALGUMA MANEIRA, COMO SOLO, ÁGUA, AR, LUZ, OUTROS SERES VIVOS E O CALOR DO SOL.

EXISTEM AMBIENTES MUITO DIFERENTES NA TERRA. ALGUNS DELES SÃO MAIS QUENTES QUE OUTROS. HÁ AMBIENTES EM QUE CHOVE MUITO E OUTROS QUE SÃO MAIS SECOS.

Fabio Colombini/Acervo do fotógrafo

NO AMBIENTE BRASILEIRO RETRATADO NA FOTO, CHOVE POUCO E AS TEMPERATURAS SÃO ALTAS DURANTE O ANO. SÃO LOURENÇO DO PIAUÍ, PIAUÍ, 2015.

Andre Arcenio/Olhar Imagem

NO AMBIENTE BRASILEIRO RETRATADO NA FOTO, AS CHUVAS SÃO BEM DISTRIBUÍDAS AO LONGO DO ANO E AS TEMPERATURAS PODEM SER BEM BAIXAS EM ALGUNS PERÍODOS DO ANO. SÃO JOAQUIM, SANTA CATARINA, 2016.

1 **ENCONTRE E CIRCULE, NO DIAGRAMA ABAIXO, SEIS COMPONENTES QUE PODEM FAZER PARTE DE UM AMBIENTE.**

Á	X	S	Y	S	T	I	Z	C	G	A	N	E	M	Z	T
G	P	L	A	N	T	A	S	D	T	F	Y	I	U	S	A
U	N	I	M	A	I	S	O	Z	A	U	V	Q	J	O	P
A	B	Y	M	D	E	X	W	T	A	N	I	M	A	L	Y
I	F	Z	U	I	W	F	O	L	K	N	J	Z	A	O	L
F	L	O	Y	O	W	M	B	B	R	I	U	A	Y	B	R
I	F	L	U	Z	N	R	A	U	E	Q	E	R	P	A	N

NA PRÁTICA

DESCOBRINDO OS AMBIENTES

OS AMBIENTES PODEM SER DE VÁRIOS TIPOS E ABRIGAR DIVERSOS SERES VIVOS. QUE TAL DESCOBRIR OS TIPOS DE AMBIENTE COM OS QUAIS VOCÊ TEM CONTATO EM SEU COTIDIANO?

VOCÊ VAI PRECISAR DE:

- FOLHAS DE PAPEL SULFITE
- PRANCHETA
- LÁPIS PRETO
- LÁPIS DE COR OU CANETA HIDROGRÁFICA
- BORRACHA

EXPERIMENTE

1. FIXE A FOLHA NA PRANCHETA.
2. COLOQUE A PRANCHETA E O RESTANTE DO MATERIAL EM UMA SACOLA OU MOCHILA.
3. SIGA AS ORIENTAÇÕES DO PROFESSOR ATÉ CHEGAR AO LOCAL DE ESTUDO.
4. NO LOCAL DE ESTUDO, REÚNA-SE COM UM OU DOIS COLEGAS PARA EXPLORAR O LOCAL.
5. ESCOLHA UM LUGAR PARA SENTAR E OBSERVE BEM O QUE HÁ AO SEU REDOR.

Ilustra Cartoon/ID/BR

6. NA FOLHA, FAÇA UM DESENHO DO QUE VOCÊ OBSERVA, COM O MÁXIMO DE DETALHES POSSÍVEL.
7. AO TERMINAR, GUARDE SEU DESENHO E SIGA AS ORIENTAÇÕES DO PROFESSOR PARA RETORNAR À ESCOLA.
8. AO CHEGAR À ESCOLA, OBSERVE SEU DESENHO PARA RESPONDER ÀS QUESTÕES A SEGUIR.

RESPONDA

1 O QUE HÁ NO AMBIENTE QUE VOCÊ DESENHOU?

- [ ] POÇA
- [ ] CALÇADA
- [ ] ÁRVORE
- [ ] GRAMA
- [ ] ARBUSTO
- [ ] INSETOS
- [ ] PÁSSAROS
- [ ] LAGOA
- [ ] CASAS
- [ ] PEDRA
- [ ] RUA
- [ ] NUVENS
- [ ] PRÉDIOS
- [ ] TERRA
- [ ] BANCOS
- [ ] OUTROS: ______

______

______

2 ALGUM DOS ELEMENTOS QUE VOCÊ DESENHOU TAMBÉM APARECE NA CENA REPRESENTADA DA PÁGINA 22? SE SIM, QUAIS?

______

3 HÁ AMBIENTES POUCO MODIFICADOS PELO SER HUMANO NO LOCAL DE ESTUDO? EM CASO AFIRMATIVO, DESCREVA-OS.

______

4 VOCÊ VIU ALGUM ANIMAL NO LOCAL DE ESTUDO? SE SIM, QUAL OU QUAIS? SE NÃO SOUBER O NOME DELES, DESENHE-OS EM UMA FOLHA AVULSA.

______

5 HÁ AMBIENTES COM ÁGUA NO LOCAL DE ESTUDO? SE VOCÊ OBSERVOU AMBIENTES ASSIM, VOCÊ ACHA QUE ELES FORAM CONSTRUÍDOS PELO SER HUMANO OU NÃO? COMO VOCÊ CHEGOU A ESSA CONCLUSÃO?

AMBIENTES NATURAIS E AMBIENTES CONSTRUÍDOS

OBSERVE AS FOTOS A SEGUIR. QUAL DESTES AMBIENTES FOI CONSTRUÍDO PELO SER HUMANO? COMO VOCÊ SABE DISSO?

Fabio Colombini/Acervo do fotógrafo

MUNICÍPIO DE TEFÉ, AMAZONAS, EM 2017.

Joca Duarte/Photo Press/Folhapress

MUNICÍPIO DE SÃO PAULO, EM 2016.

OS **AMBIENTES NATURAIS** NÃO FORAM CRIADOS PELOS SERES HUMANOS. ELES PODEM ABRIGAR COMUNIDADES DE PESSOAS QUE NÃO ALTERAM MUITO O LUGAR ONDE VIVEM. AS FLORESTAS, COMO A DA FOTO **A**, SÃO UM EXEMPLO DE AMBIENTE NATURAL.

JÁ OS **AMBIENTES CONSTRUÍDOS** TÊM MUITAS PARTES PRODUZIDAS OU MODIFICADAS PELOS SERES HUMANOS. É O CASO, POR EXEMPLO, DE VILAS, CIDADES, COMO A DA FOTO **B**, HIDRELÉTRICAS, PASTOS, PLANTAÇÕES, SUA CASA E SUA ESCOLA.

VOCÊ SABE O QUE É TELHADO VERDE?

DISPONÍVEL EM: <https://tvescola.mec.gov.br/tve/video/fique-sabendo-voce-sabe-o-que-e-telhado-verde>. ACESSO EM: 17 NOV. 2017.

NESSE *LINK*, VOCÊ VAI ASSISTIR A UM VÍDEO SOBRE OS TELHADOS VERDES, UMA PRÁTICA QUE TEM O POTENCIAL DE DIMINUIR O IMPACTO AMBIENTAL DAS ÁREAS CONSTRUÍDAS E, AO MESMO TEMPO, MELHORAR A QUALIDADE DE VIDA DA POPULAÇÃO.

ALTERAÇÃO DE AMBIENTES NATURAIS

IMAGINE UM AMBIENTE NATURAL DE MATA ONDE SERÁ CONSTRUÍDA UMA ESTRADA. QUAIS MODIFICAÇÕES PODERÃO ACONTECER NESSE LOCAL?

ÀS VEZES, AS ALTERAÇÕES SÃO TÃO GRANDES QUE APENAS UMA PEQUENA PARTE DO AMBIENTE NATURAL CONTINUA EXISTINDO. OS SERES VIVOS SÃO BASTANTE AFETADOS POR ESSAS MUDANÇAS E MUITOS ANIMAIS PASSAM A TER DIFICULDADE PARA ENCONTRAR ALIMENTO.

VAMOS ACOMPANHAR ISSO NA ATIVIDADE A SEGUIR.

1 LIGUE CADA TEXTO À IMAGEM MAIS ADEQUADA.

Ilustrações: Studio Caparroz/ID/BR

AO FINAL DAS OBRAS, A ESTRADA ESTÁ PRONTA.

AMBIENTE DE MATA COM ALGUNS DE SEUS SERES VIVOS, COMO ÁRVORES E MACACOS.

NESSE LOCAL, SERÁ CONSTRUÍDA UMA ESTRADA.

A ÁREA É PREPARADA PARA A CONSTRUÇÃO DA ESTRADA. PARTE DA MATA É DERRUBADA E OS ANIMAIS QUE A HABITAM FOGEM.

NA TERRA E NA ÁGUA

PODEMOS AGRUPAR OS AMBIENTES DE DIFERENTES MANEIRAS. UMA DELAS É DIVIDI-LOS NOS GRUPOS DOS AMBIENTES TERRESTRES E DOS AMBIENTES AQUÁTICOS.

ACESSE O RECURSO DIGITAL

AMBIENTES NATURAIS TERRESTRES

NO PLANETA EM QUE VIVEMOS EXISTEM DIVERSOS TIPOS DE AMBIENTES NATURAIS TERRESTRES.

AS **FLORESTAS** OU **MATAS** SÃO UM EXEMPLO. NESSES AMBIENTES EXISTEM MUITAS ÁRVORES, MAS TAMBÉM OUTROS TIPOS DE PLANTA. VÁRIOS ANIMAIS VIVEM NAS FLORESTAS E NELAS COSTUMA HAVER ÁGUA EM PELO MENOS ALGUM PERÍODO DO ANO.

OS **CAMPOS**, COM PLANTAS MENORES E POUCAS ÁRVORES, TAMBÉM SÃO EXEMPLOS DE AMBIENTE NATURAL TERRESTRE.

NOS **DESERTOS**, QUE PODEM SER BEM QUENTES OU BEM FRIOS DURANTE O DIA, HÁ POUCA ÁGUA DISPONÍVEL. MAS ALGUMAS PLANTAS E ALGUNS ANIMAIS SOBREVIVEM A ESSAS CONDIÇÕES.

Leonardo Mercon/Shutterstock.com/ID/BR

Renato Suelotto/Pulsar Imagens

TRECHO DE MATA ATLÂNTICA EM ITAPIRAÍ, SÃO PAULO. O BUGIO, NO DESTAQUE, É UM ANIMAL TÍPICO DESSE AMBIENTE. FOTO DE 2015.

Chris Mattison/Nature PL/Fotoarena

Martin Schneiter/Alamy/Fotoarena

DESERTO DO ATACAMA, CHILE. O LAGARTO CORREDOR DO ATACAMA, NO DESTAQUE, SÓ EXISTE NESSE AMBIENTE. FOTO DE 2016.

AMBIENTES NATURAIS AQUÁTICOS

OS **RIOS**, **LAGOS** E **OCEANOS** SÃO EXEMPLOS DE AMBIENTES NATURAIS AQUÁTICOS. OS RIOS SÃO FORMADOS POR ÁGUA DOCE E CORREM DE UM PONTO A OUTRO SEM PARAR. NOS LAGOS, A ÁGUA É MAIS PARADA E PODE SER DOCE OU SALGADA. OS OCEANOS TÊM ÁGUA SALGADA E OCUPAM GRANDES ÁREAS DO NOSSO PLANETA.

VÁRIOS SERES VIVOS, COMO PLANTAS E ANIMAIS, VIVEM NOS AMBIENTES AQUÁTICOS. CONHEÇA ALGUNS EXEMPLOS.

PLANTAS

Michael Patrick O'Neill/Alamy/Fotoarena

A PLANTA CHAPÉU-DE-COURO PODE SOBREVIVER EMBAIXO DA ÁGUA. SUAS RAÍZES FICAM ENTERRADAS NO FUNDO DO RIO.

Fabio Colombini/Acervo do fotógrafo

A ALFACE-D'ÁGUA FLUTUA EM LAGOS. SUAS RAÍZES NÃO ESTÃO ENTERRADAS E APENAS PARTE DE SUAS FOLHAS FICA FORA DA ÁGUA.

Christophe Sidamon-Pesson/Biosphoto/AFP

A VITÓRIA-RÉGIA TEM AS RAÍZES ENTERRADAS NO FUNDO DOS RIOS E SUAS GRANDES FOLHAS BOIAM NA SUPERFÍCIE.

ANIMAIS

Luciano Candisani/Minden/Fotoarena

OS JACARÉS, COMO O JACARÉ-DO-PANTANAL, PASSAM PARTE DO DIA DENTRO DOS RIOS, ONDE NADAM E PROCURAM ALIMENTO.

Juan Manuel Borrero/Nature PL/Fotoarena

OS PEIXES PASSAM A VIDA TODA DENTRO DA ÁGUA, COMO É O CASO DESSE ACARÁ-BANDEIRA.

Rich Carey/Shutterstock.com/ID/BR

AS TARTARUGAS MARINHAS, COMO A TARTARUGA-OLIVA, SAEM DOS MARES APENAS PARA COLOCAR SEUS OVOS NA AREIA DA PRAIA.

AS PINTURAS DOS ARTISTAS NATURALISTAS

VOCÊ JÁ FEZ ALGUMA PINTURA PARA BRINCAR E APRENDER? NAS PINTURAS, USAMOS TINTAS SOBRE UMA SUPERFÍCIE. PODE SER CANETINHAS SOBRE UMA FOLHA DE PAPEL OU UM PINCEL COM TINTA GUACHE SOBRE UMA CARTOLINA.

TIPOS ESPECIAIS DE PINTURA, FEITAS POR ARTISTAS **NATURALISTAS**, ERAM UM MODO COMUM DE REPRESENTAR OS AMBIENTES NATURAIS HÁ MUITOS ANOS.

NATURALISTA: NESSE CASO, ARTISTA QUE RETRATA O DIA A DIA DAS PESSOAS OU OS AMBIENTES NATURAIS.

AS PINTURAS REGISTRAVAM A COR E A FORMA DAQUILO QUE O ARTISTA VIA, OU DO QUE ERA DESCRITO A ELES, DA MANEIRA MAIS PARECIDA POSSÍVEL COM A REALIDADE. POR EXEMPLO, NA PINTURA ABAIXO, OS TONS DAS CORES FORAM USADOS PARA DESTACAR OS INDÍGENAS DA MATA. NO CASO, AS CORES MAIS CLARAS REPRESENTAM A LUZ DO SOL.

Coleção Kugel, Paris. Fotografia: ID/BR

FRANÇOIS-AUGUSTE BIARD. *ÍNDIOS DA AMAZÔNIA ADORANDO O DEUS SOL*, 1860. ÓLEO SOBRE TELA.

A LEGENDA DA PINTURA CONTÉM INFORMAÇÕES SOBRE A OBRA, COMO O AUTOR, O TÍTULO, O ANO EM QUE ELA FOI REALIZADA E A TÉCNICA UTILIZADA.

AGORA É A SUA VEZ

1 COMPLETE O QUADRO ABAIXO.

O QUE ESTÁ SENDO REPRESENTADO?	
QUAIS INFORMAÇÕES HÁ NA LEGENDA?	
QUAIS DETALHES CHAMAM ATENÇÃO NA PINTURA?	
ESCREVA DOIS EXEMPLOS DE SERES VIVOS PRESENTES NESSA PINTURA.	

2 CONVERSE COM OS COLEGAS: QUAL É A RELAÇÃO ENTRE A POSIÇÃO DAS PESSOAS NA PINTURA E O TÍTULO DA OBRA?

3 QUE OUTROS TIPOS DE PINTURA VOCÊ CONHECE, ALÉM DAS FEITAS POR ARTISTAS NATURALISTAS? TROQUE INFORMAÇÕES COM OS COLEGAS.

APRENDER SEMPRE

1 PRESTE ATENÇÃO AOS DETALHES DESTE DESENHO.

ACESSE O RECURSO DIGITAL

Alexandre Matos/ID/BR

A. CONTORNE NA IMAGEM UMA PLANTA.

B. PINTE DOIS ANIMAIS.

C. ESSES ANIMAIS VIVEM NO MESMO AMBIENTE? CONVERSE COM OS COLEGAS E ESCREVA SUA RESPOSTA ABAIXO.

____

____

2 OBSERVE AS FOTOS ABAIXO.

A

coffeekai/iStock/Getty Images

B

Mauricio Simonetti/Pulsar Imagens

- QUE TIPOS DE AMBIENTE ELAS ESTÃO RETRATANDO?

☐ AMBIENTE AQUÁTICO. ☐ AMBIENTE TERRESTRE.

3 CONVERSE COM OS COLEGAS: O QUE VOCÊS MUDARIAM NAS DUAS IMAGENS ABAIXO PARA AJUDAR NA PRESERVAÇÃO DOS AMBIENTES REPRESENTADOS?

Ilustrações: Ronaldo Barata/ID/BR

4 OBSERVE A FOTO A SEGUIR.

Paulo Vilela/Shutterstock.com/ID/BR

CIDADE DE CURITIBA, PARANÁ. FOTO DE 2014.

- A LISTA ABAIXO INDICA O QUE ENCONTRAMOS NO AMBIENTE RETRATADO. ACRESCENTE OUTROS ITENS À LISTA.
  - LOJAS E RESIDÊNCIAS.
  - CARROS E OUTROS VEÍCULOS.
  - ______________________
  - ______________________
  - ______________________

CAPÍTULO 3

OS SERES VIVOS NO AMBIENTE

OS SERES VIVOS SÃO ENCONTRADOS EM MUITOS AMBIENTES. AS BROMÉLIAS, POR EXEMPLO, SÃO PLANTAS COMUNS EM AMBIENTES DE MATAS, COMO MOSTRAM AS ILUSTRAÇÕES ABAIXO.

Ilustrações: Paulo Cesar Pereira/ID/BR

- QUE OUTROS SERES VIVOS ESTÃO REPRESENTADOS ALÉM DAS BROMÉLIAS?
- QUE ANIMAL ESTÁ SE ALIMENTANDO? CONTORNE-O COM A COR AZUL.
- AS BROMÉLIAS SE ALIMENTAM DO QUÊ?
- A PEDRA ILUSTRADA NA PRIMEIRA IMAGEM É UM SER VIVO? EXPLIQUE.

OS COMPONENTES DO AMBIENTE

ACESSE O RECURSO DIGITAL

CADA ELEMENTO QUE FORMA O AMBIENTE É CHAMADO DE **COMPONENTE**. EXISTEM OS COMPONENTES **VIVOS**, COMO OS ANIMAIS E AS PLANTAS, E OS COMPONENTES **NÃO VIVOS**, COMO AS PEDRAS, O SOLO, A ÁGUA, O CALOR DO SOL E O AR.

TODOS OS SERES VIVOS NASCEM, CRESCEM, PODEM SE REPRODUZIR E MORREM. ESSE PROCESSO É CHAMADO DE **CICLO DE VIDA**. OS COMPONENTES NÃO VIVOS NÃO TÊM CICLO DE VIDA.

1 PINTE APENAS OS COMPONENTES VIVOS DO AMBIENTE.

Giz de Cera/Léo Fanelli/ID/BR

2 OBSERVE AS FOTOS E CONVERSE COM OS COLEGAS.

Jondpatton/iStock/Getty Images

GIRASSOL ARTIFICIAL.

Ander Dylan/Shutterstock.com/ID/BR

GIRASSÓIS NATURAIS.

A. AS PLANTAS NATURAIS E A PLANTA ARTIFICIAL DEVEM RECEBER OS MESMOS CUIDADOS? POR QUÊ?

B. COM O PASSAR DO TEMPO, O QUE DEVE ACONTECER COM A PLANTA ARTIFICIAL? E COM AS PLANTAS NATURAIS?

AS NECESSIDADES DOS SERES VIVOS

TODOS OS SERES VIVOS PRECISAM DE **ÁGUA** PARA SOBREVIVER. AS PLANTAS OBTÊM ÁGUA DO AMBIENTE POR MEIO DE SUAS RAÍZES. OS ANIMAIS TERRESTRES PRECISAM CONSUMIR ÁGUA. OS ANIMAIS QUE VIVEM EM AMBIENTES AQUÁTICOS SE ALIMENTAM E SE LOCOMOVEM NA ÁGUA.

MUITOS SERES VIVOS PRECISAM DE AR PARA SOBREVIVER. O **AR** É FORMADO POR VÁRIOS GASES, COMO O GÁS OXIGÊNIO, QUE É USADO PELOS SERES VIVOS NA RESPIRAÇÃO. NA ÁGUA TAMBÉM HÁ GÁS OXIGÊNIO, USADO NA RESPIRAÇÃO DOS SERES VIVOS AQUÁTICOS, COMO OS PEIXES E AS ALGAS.

Mark Moffett/Minden/Fotoarena

RÃ EM UMA BROMÉLIA. O GIRINO, QUE É O FILHOTE DA RÃ, ESTÁ NA ÁGUA DENTRO DA BROMÉLIA. ELE RESPIRA O OXIGÊNIO PRESENTE NA ÁGUA.

A **LUZ** E O **CALOR DO SOL** TAMBÉM SÃO NECESSÁRIOS À VIDA. AS PLANTAS USAM A LUZ SOLAR PARA PRODUZIR O PRÓPRIO ALIMENTO. MUITOS ANIMAIS, COMO OS SERES HUMANOS, SE ALIMENTAM DE PLANTAS.

1 COMPLETE AS LACUNAS DO TEXTO:

ALGUNS TIPOS DE RÃS, SAPOS E PERERECAS VIVEM NA ______________ QUE SE ACUMULA EM BROMÉLIAS. A BROMÉLIA USA A ____________ DO SOL E PARTE DA ÁGUA RETIDA EM SUAS FOLHAS PARA SE MANTER VIVA.

2 QUAIS SÃO AS NECESSIDADES DOS ANIMAIS COM OS QUAIS VOCÊ TEM CONTATO NO DIA A DIA?

NA PRÁTICA

ÁGUA PARA AS PLANTAS

DE ONDE A MAIORIA DAS PLANTAS TERRESTRES TIRA A ÁGUA DE QUE PRECISA PARA SOBREVIVER? VAMOS INVESTIGAR COM A ATIVIDADE A SEGUIR.

VOCÊS VÃO PRECISAR DE:

- UM FILTRO DE PAPEL
- PAPEL-TOALHA
- TESOURA COM PONTAS ARREDONDADAS
- LUVAS DESCARTÁVEIS
- UMA COLHER
- RELÓGIO
- TRÊS VASOS COM PLANTAS SAUDÁVEIS

EXPERIMENTEM

Cecilia Iwashita/ID/BR

1. REÚNAM-SE EM TRIOS E CORTEM TRÊS CÍRCULOS DE FILTRO DE PAPEL DO TAMANHO DE UMA MOEDA GRANDE.
2. VISTAM AS LUVAS. CAVEM COM A COLHER UM PEQUENO BURACO NA TERRA DE CADA VASO.
3. COLOQUEM UM CÍRCULO DE PAPEL EM CADA BURACO E CUBRAM ESSE CÍRCULO COM TERRA. AGUARDEM 10 MINUTOS.
4. RETIREM OS PAPÉIS DA TERRA E APERTEM CADA CÍRCULO CONTRA DIFERENTES PARTES DE UMA FOLHA DE PAPEL-TOALHA. OBSERVEM O QUE ACONTECEU COM CADA CÍRCULO.

RESPONDAM

1 OS PAPÉIS ESTÃO MOLHADOS? SE SUA RESPOSTA FOR SIM, DE ONDE VOCÊ IMAGINA QUE VEIO A ÁGUA QUE MOLHOU OS PAPÉIS? CONVERSE COM OS COLEGAS.

2 SE SUA RESPOSTA FOR NÃO, VOCÊ ESPERAVA ESSE RESULTADO?

BRINCANDO COM PLANTAS E ANIMAIS

DISPONÍVEL EM: <http://www.e-learningforkids.org/science/lesson/brincando-com-plantas-e-animais/>. ACESSO EM: 5 SET. 2017.

NESSE *LINK*, VOCÊ ACESSA UM JOGO QUE TEM COMO OBJETIVO AJUDAR O JOÃO A CUIDAR DE SUA FAZENDA E DAS PLANTAS QUE LÁ EXISTEM.

A ALIMENTAÇÃO DOS SERES VIVOS

CADA SER VIVO TEM DE UM JEITO PRÓPRIO DE SE ALIMENTAR. VEJAMOS ALGUNS EXEMPLOS A SEGUIR.

ACESSE O RECURSO DIGITAL

OS ANIMAIS SE ALIMENTAM DE OUTROS SERES VIVOS

OBSERVE AS FOTOS ABAIXO. O QUE OS ANIMAIS ESTÃO COMENDO?

Fabio Colombini/Acervo do fotógrafo

AS CAPIVARAS SE ALIMENTAM DE PLANTAS, COMO O CAPIM E A GRAMA.

Roy Toft/National Geographic Creative/Corbis/Getty Images

A ONÇA-PINTADA SE ALIMENTA DE OUTROS ANIMAIS, COMO CAPIVARAS E JACARÉS.

EXISTEM ANIMAIS QUE SE ALIMENTAM APENAS DE PLANTAS, COMO A CAPIVARA, O BOI E O CAVALO. OUTROS ANIMAIS SE ALIMENTAM APENAS DE ANIMAIS. A ONÇA, A ARANHA E O TUBARÃO SÃO EXEMPLOS DE ANIMAIS QUE COMEM APENAS OUTROS ANIMAIS.

E HÁ ANIMAIS QUE COMEM TANTO PLANTAS COMO ANIMAIS. É O CASO DA GALINHA, DO LOBO-GUARÁ E DO MICO-LEÃO--DOURADO. AS GALINHAS, POR EXEMPLO, COMEM SEMENTES, FOLHAS, INSETOS E MINHOCAS.

1 CONTORNE O NOME DE UM ALIMENTO CONSUMIDO PELA CAPIVARA.

OVOS DE AVES | **FOLHAS DE PLANTAS**

JOANINHAS | **PERNILONGOS**

AS PLANTAS PRODUZEM O PRÓPRIO ALIMENTO

ACESSE O RECURSO DIGITAL

AS CAVERNAS, COMO A DA FOTO **A**, SÃO AMBIENTES MUITO ESCUROS EM QUE POUCOS SERES VIVOS CONSEGUEM VIVER. LÁ PODEMOS ENCONTRAR ALGUMAS SEMENTES BROTANDO, MAS AS PLANTAS NÃO CONSEGUEM CRESCER E LOGO MORREM. ISSO ACONTECE PORQUE AS PLANTAS SÓ SOBREVIVEM QUANDO RECEBEM LUZ, COMO NA FOTO **B**. ELAS USAM A LUZ PARA PRODUZIR O PRÓPRIO ALIMENTO. ALÉM DA LUZ, ELAS PRECISAM DE ÁGUA E DO GÁS CARBÔNICO PRESENTE NO AR. O GÁS CARBÔNICO É PRODUZIDO PELA RESPIRAÇÃO DOS SERES VIVOS.

Andre Dib/Pulsar Imagens

NÃO HÁ LUZ NO INTERIOR DAS CAVERNAS. POR ISSO, NÃO EXISTEM PLANTAS ADULTAS NESSES AMBIENTES. CAVERNA SÃO BERNARDO. SÃO DOMINGOS, GOIÁS. FOTO DE 2016.

Artur Keunecke/Pulsar Imagens

LOCAIS COM MUITA LUZ E MUITA ÁGUA FAVORECEM O DESENVOLVIMENTO DAS PLANTAS, COMO ESSE LOCAL NO PANTANAL. POCONÉ, MATO GROSSO. FOTO DE 2015.

2 ESCOLHA A PALAVRA DO QUADRO QUE MELHOR COMPLETA A FRASE.

PRODUZEM **ESCONDEM** **ENCONTRAM**

AS PLANTAS ______________________ O PRÓPRIO ALIMENTO.

A BRINCADEIRA DO TUCUNARÉ NA COMUNIDADE PANARÁ

NO BRASIL, HÁ MAIS DE DUZENTOS **POVOS INDÍGENAS** QUE FALAM MAIS DE 150 LÍNGUAS DIFERENTES. NA COMUNIDADE INDÍGENA PANARÁ, NO ESTADO DO PARÁ, PERANKÔ, UM PROFESSOR DA ESCOLA INDÍGENA, CRIOU A **BRINCADEIRA DO TUCUNARÉ**. PARA CRIAR A BRINCADEIRA, PERANKÔ SE INSPIROU NO COMPORTAMENTO DESSE PEIXE, O TUCUNARÉ, QUE TAMBÉM É USADO NA ALIMENTAÇÃO DESSA COMUNIDADE. SOBRE ISSO, LEIA O TRECHO A SEGUIR.

Fabio Colombini/Acervo do fotógrafo

NOME: TUCUNARÉ

TAMANHO: 40 CENTÍMETROS (EM MÉDIA).

ONDE VIVE: LOCAIS PROFUNDOS DE RIOS.

O QUE COME: PEQUENOS ANIMAIS, PRINCIPALMENTE PEIXES MENORES QUE SE ENCONTRAM EM ÁGUAS PROFUNDAS.

CERTO DIA, QUANDO PESCAVA, PERANKÔ OBSERVOU O VAIVÉM DOS PEIXES E REPAROU COMO OS MENORES **PERAMBULAVAM** POR ÁGUAS RASAS, E O TUCUNARÉ, PEIXE GRANDE, NÃO SAÍA DO FUNDO. POR MAIS QUE QUISESSE PEGAR OS PEIXINHOS MENORES, QUANDO ELES CHEGAVAM NO RASO, O TUCUNARÉ IA ATÉ CERTO PONTO E VOLTAVA PARA O FUNDO.

PERAMBULAR: IR SEM RUMO CERTO.

RENATA MEIRELLES. TERRITÓRIO DO BRINCAR. DISPONÍVEL EM: <http://territoriodobrincar.com.br/brincadeiras/brincadeira-do-tucunare-2/>. ACESSO EM: 7 MAR. 2017.

guentermanaus/Shutterstock.com/ID/BR

1 ONDE O TUCUNARÉ VIVE?

2 DO QUE ELE SE ALIMENTA?

3 QUE TAL BRINCAR COM OS COLEGAS A BRINCADEIRA DO TUCUNARÉ? OBSERVE A IMAGEM E ACOMPANHE A LEITURA E A EXPLICAÇÃO DO PROFESSOR.

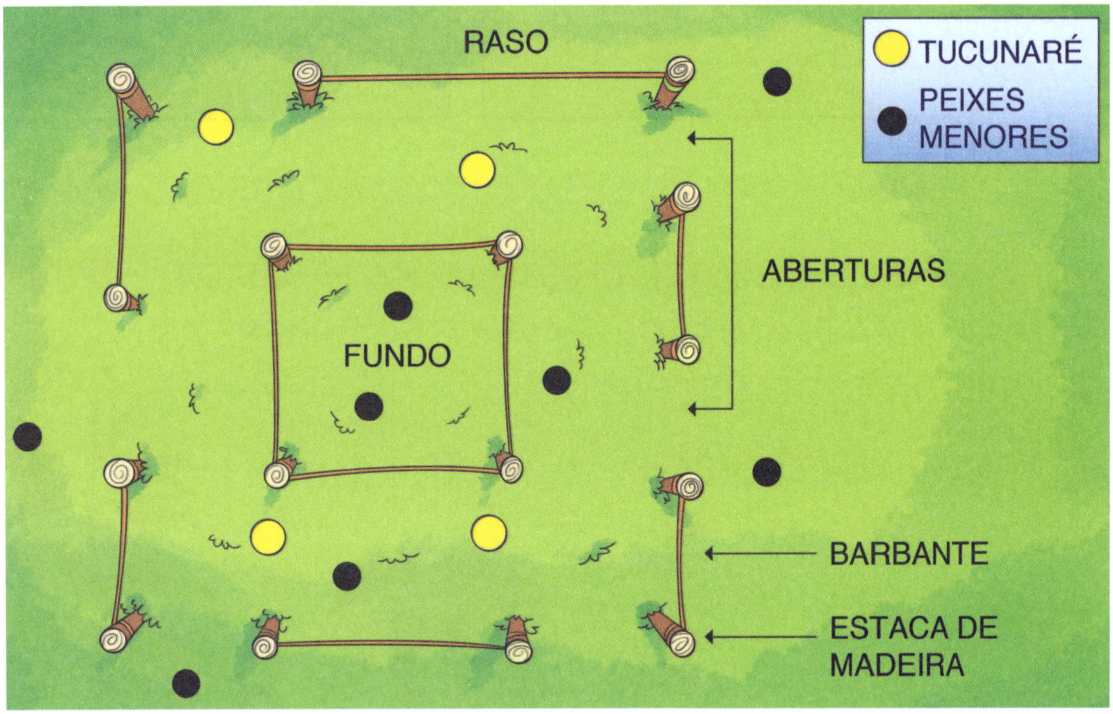

Ilustra Cartoon/ID/BR

A. QUATRO CRIANÇAS SÃO OS TUCUNARÉS. OITO CRIANÇAS SÃO OS PEIXES MENORES.

B. OS TUCUNARÉS DEVEM PERSEGUIR OS PEIXES MENORES ANTES QUE ELES SAIAM PELAS ABERTURAS.

C. APENAS OS PEIXES MENORES PODEM PASSAR PELAS ABERTURAS QUE LEVAM À PARTE RASA DO RIO.

D. OS PEIXES MENORES CAPTURADOS FICAM PRESOS NO FUNDO.

- AGORA É A SUA VEZ DE BRINCAR COMO AS CRIANÇAS PANARÁS. BOM DIVERTIMENTO!

APRENDER SEMPRE

1 REÚNA-SE COM UM COLEGA E ANALISEM A TIRA A SEGUIR.

Giz de Cera/Léo Fanelli/ID/BR

- NA OPINIÃO DE VOCÊS, O GAROTO ESTÁ CORRETO? POR QUÊ?

2 OS DESENHOS A SEGUIR MOSTRAM AS FASES DA VIDA DE UMA PLANTA. OBSERVE-OS E NUMERE AS FRASES NA ORDEM CORRETA.

REPRESENTAÇÃO SEM PROPORÇÃO DE TAMANHO ENTRE OS ELEMENTOS.

- [ ] A PLANTA CRESCEU.
- [ ] A SEMENTE **GERMINOU**.
- [ ] NASCERAM AS PRIMEIRAS FOLHAS.

GERMINAR: BROTAR; COMEÇAR O DESENVOLVIMENTO.

1 2 3

Hiroe Sasaki/ID/BR

3 NOS ZOOLÓGICOS, HÁ VISITANTES QUE DÃO ALIMENTOS COMO PIPOCA E SORVETE AOS ANIMAIS. ESSES ALIMENTOS PODEM FAZER MAL AOS BICHOS. QUAL É A SUA OPINIÃO SOBRE ESSA ATITUDE? CONVERSE COM OS COLEGAS.

4 DANIEL É O RESPONSÁVEL POR PREPARAR AS REFEIÇÕES DE TRÊS ANIMAIS QUE VIVEM EM UM ZOOLÓGICO.

- SAGUI, ANIMAL QUE SE ALIMENTA DE PLANTAS E ANIMAIS.
- GIRAFA, ANIMAL QUE SE ALIMENTA APENAS DE PLANTAS.
- SERPENTE SURUCUCU, ANIMAL QUE SE ALIMENTA APENAS DE ANIMAIS.

DANIEL RECEBEU TRÊS LISTAS DE ALIMENTOS EM UMA TABELA. ESCREVA NA SEGUNDA COLUNA O NOME DO ANIMAL QUE DEVE RECEBER OS ALIMENTOS DE CADA LISTA.

ALIMENTOS	ANIMAL
LISTA 1: BANANA, CENOURA, FOLHAS DE PLANTA E VERDURAS	
LISTA 2: BANANA E OUTRAS FRUTAS, OVOS, BESOUROS E CARNE	
LISTA 3: RATOS E CAMUNDONGOS	

5 LEIA O TEXTO A SEGUIR.

O TATUZINHO-DE-JARDIM
ENROLADO PARECE UMA BOLA.
ELE QUER BRINCAR?
NÃO, SÓ QUER SE PROTEGER.
NA TERRA ÚMIDA ELE SE
DESENROLA E, COM TANTAS
PERNAS, VAI LONGE...

TATUZINHOS-DE-JARDIM.

ANA MICHAELIS E ROSELI TUAN MACHADO. *BICHOS DO JARDIM.* SÃO PAULO: CALLIS. 2011. P. 8.

- ONDE VIVE O ANIMAL CITADO NO POEMA?

____

CAPÍTULO 4

OS ANIMAIS SÃO DIFERENTES

OBSERVE O AMBIENTE REPRESENTADO ABAIXO.

Cecília Iwashita/ID/BR

- COM A AJUDA DOS COLEGAS, DESCUBRA TODOS OS ANIMAIS REPRESENTADOS NA IMAGEM.
- QUAL É O NOME DO ANIMAL QUE SALTA? E DO QUE VOA? E QUAL É O ANIMAL QUE NADA? E O QUE RASTEJA?
- OBSERVE A IMAGEM A SEGUIR.

A. QUAL ANIMAL DA ILUSTRAÇÃO ACIMA PODE TER PASSADO POR ESSE LOCAL?

B. COMO VOCÊ DESCOBRIU?

Cecília Iwashita/ID/BR

COBERTURA DO CORPO

ACESSE O RECURSO DIGITAL

OS ANIMAIS PODEM SER MUITO DIFERENTES UNS DOS OUTROS. CADA UM PODE TER, POR EXEMPLO, O CORPO COBERTO POR ESTRUTURAS MUITO DIVERSIFICADAS. VEJA AS FOTOS A SEGUIR.

Marcos Amend/Pulsar Imagens

OS JACARÉS, COMO O JACARÉ-DO--PANTANAL, TÊM PLACAS DURAS.

Fabio Colombini/Acervo do fotógrafo

OS CARACÓIS, COMO O CARAMUJO--VERMELHO, TÊM CONCHAS.

Fabio Colombini/Acervo do fotógrafo

OS LOBOS, COMO OS LOBOS-GUARÁS, TÊM PELOS.

Ricardo Azoury/Pulsar Imagens

AS AVES, COMO O SAÍ-AZUL, TÊM PENAS.

Juan Manuel Borrero/Natre PL/Fotoarena

OS PEIXES, COMO O CARÁ, TÊM ESCAMAS.

Pierre BRYE/Alamy/Fotoarena

AS RÃS, COMO A RÃ-ARBORÍCOLA--EUROPEIA, TÊM A PELE LISA, ASSIM COMO OS SAPOS.

NA PRÁTICA

POR QUE AS AVES NÃO SE MOLHAM QUANDO MERGULHAM?

CERTAS AVES PASSAM MUITO TEMPO NA ÁGUA, MAS, QUANDO SAEM DELA, NÃO ESTÃO ENCHARCADAS. VAMOS DESCOBRIR COMO ISSO É POSSÍVEL?

VOCÊ VAI PRECISAR DE:

- UMA FOLHA DE PAPEL AVULSA (VOCÊ PODE USAR FOLHAS JÁ ESCRITAS)
- UM GIZ DE CERA OU VELA DE QUALQUER COR
- UM POUCO DE ÁGUA
- TESOURA COM PONTAS ARREDONDADAS
- CONTA-GOTAS

Fabio Colombini/Acervo do fotógrafo

O PATO-MERGULHÃO PASSA O DIA NA ÁGUA E NÃO FICA ENCHARCADO.

EXPERIMENTE

1. CORTE A FOLHA DE PAPEL AO MEIO. VOCÊ PODE RECORTAR CADA PEDAÇO NO FORMATO DE UMA PENA, SE QUISER.
2. PINTE OS DOIS LADOS DE UMA DAS PENAS DE PAPEL COM O GIZ DE CERA (OU ESFREGUE A VELA NO PAPEL).

Vicente Mendonça/ID/BR

3. COM O CONTA-GOTAS, PINGUE ALGUMAS GOTAS DE ÁGUA SOBRE A PENA DE PAPEL PINTADA.

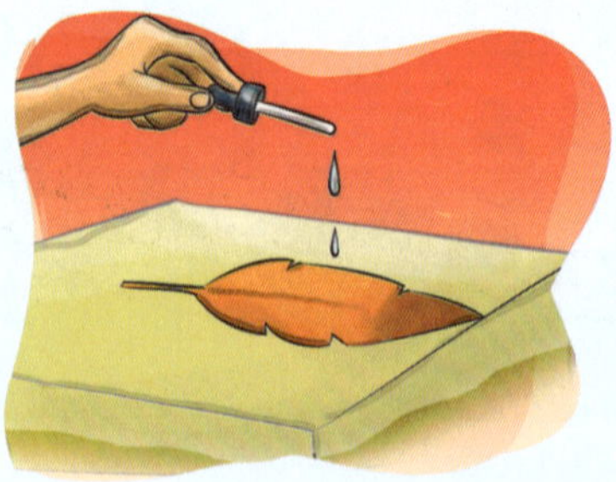

4. PINGUE O MESMO NÚMERO DE GOTAS NA OUTRA PENA DE PAPEL QUE ESTÁ SEM PINTAR. ESPERE ALGUNS MINUTOS.

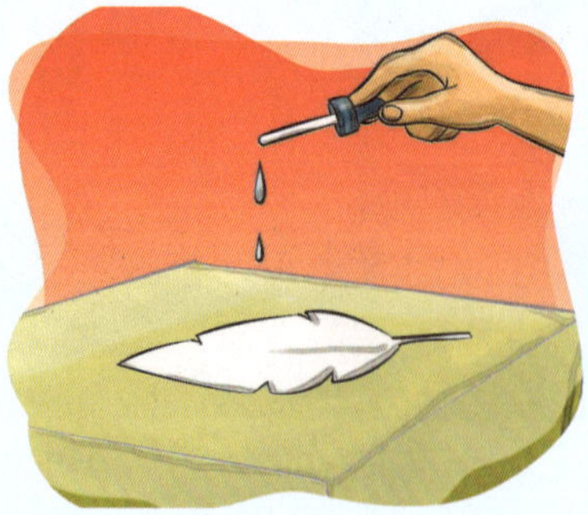

Ilustrações: Vicente Mendonça/ID/BR

RESPONDA

1. VOCÊ OBSERVOU ALGUMA DIFERENÇA ENTRE OS PEDAÇOS DE PAPEL DEPOIS DE PINGAR A ÁGUA? EM CASO AFIRMATIVO, QUAL? POR QUE ISSO ACONTECEU? RESPONDA NO CADERNO.

2. AS AVES PRODUZEM UM ÓLEO QUE ELAS ESPALHAM COM O BICO SOBRE AS PENAS. COM OS COLEGAS, EXPLIQUE COMO ISSO EVITA QUE AS AVES FIQUEM ENCHARCADAS.

CÃES, SERES HUMANOS E BALEIAS SÃO **MAMÍFEROS** E TÊM PELOS SOBRE O CORPO. CÃES TÊM O CORPO TODO COBERTO DE PELOS. JÁ AS BALEIAS QUASE NÃO TÊM PELOS.

EMAS, PINGUINS E PAPAGAIOS SÃO **AVES** E TÊM O CORPO COBERTO DE PENAS, ASSIM COMO O SAÍ-AZUL.

COBRAS, SERPENTES E LAGARTOS SÃO **RÉPTEIS** E TÊM O CORPO COBERTO DE ESCAMAS. OUTROS RÉPTEIS, COMO OS JACARÉS E AS TARTARUGAS, SÃO COBERTOS POR PLACAS DURAS.

TILÁPIAS, PIRANHAS E CARPAS SÃO **PEIXES** E TÊM ESCAMAS, MAS DE UM TIPO DIFERENTE DAS ESCAMAS DOS RÉPTEIS.

SAPOS E PERERECAS SÃO **ANFÍBIOS** E NÃO TÊM PELOS, PENAS OU ESCAMAS. A PELE DELES É LISA E FINA.

1. OBSERVE SEUS BRAÇOS E SUAS PERNAS. O QUE HÁ COBRINDO SUA PELE?

____

2. PINTE DE VERMELHO A CONCHA DO CARACOL NO DESENHO AO LADO.

Cecília Iwashita/ID/BR

LOCOMOÇÃO

ACESSE O RECURSO DIGITAL

OS ANIMAIS SE LOCOMOVEM PARA BUSCAR ALIMENTO, ABRIGO E COMPANHIA OU PARA ESCAPAR DE **PREDADORES**.

O MODO COMO OS ANIMAIS SE LOCOMOVEM ESTÁ RELACIONADO AO AMBIENTE EM QUE VIVEM.

PREDADOR: ANIMAL QUE SE ALIMENTA DE OUTRO ANIMAL.

Peter Blackwell/Nature PL/Fotoarena

VÁRIOS ANIMAIS SE LOCOMOVEM RAPIDAMENTE, COMO A LEOA E O JAVALI.

ANIMAIS AQUÁTICOS

NADAR É A MANEIRA QUE MUITOS ANIMAIS AQUÁTICOS USAM PARA SE LOCOMOVER. PEIXES, GOLFINHOS E BALEIAS SÃO EXEMPLOS DE ANIMAIS QUE NADAM.

PARA NADAR, OS ANIMAIS GERALMENTE MOVEM O CORPO E A CAUDA. VÁRIOS TÊM NADADEIRAS, QUE TAMBÉM AJUDAM NA NATAÇÃO AO SEREM MOVIMENTADAS.

CORES-FANTASIA

REPRESENTAÇÃO SEM PROPORÇÃO DE TAMANHO E DISTÂNCIA ENTRE OS ELEMENTOS.

Dawidson França/ID/BR

PEIXES E GOLFINHOS SÃO ANIMAIS AQUÁTICOS QUE APRESENTAM NADADEIRAS.

ANIMAIS COMO POLVOS E LULAS SE DESLOCAM POR MEIO DE **JATOS** DE ÁGUA. OUTROS, COMO CARANGUEJOS E LAGOSTAS, **ANDAM** SOBRE O FUNDO DO MAR. VÁRIOS ANIMAIS, MUITOS DELES **MICROSCÓPICOS**, **FLUTUAM** AO SABOR DAS CORRENTES.

A CARAVELA-PORTUGUESA FLUTUA NA SUPERFÍCIE DO MAR. SE UM DIA ENCONTRAR UMA, NÃO TOQUE NOS SEUS TENTÁCULOS: ELES CAUSAM QUEIMAÇÃO INTENSA E DOLORIDA.

MICROSCÓPICO: EXTREMAMENTE PEQUENO, VISÍVEL SOMENTE PELO MICROSCÓPIO.

ANIMAIS TERRESTRES

OS ANIMAIS APRESENTAM VÁRIOS MODOS DE SE LOCOMOVER NO AMBIENTE TERRESTRE. ELES PODEM **ANDAR** OU **CORRER**, COMO A ONÇA E A EMA. PODEM **RASTEJAR**, COMO AS SERPENTES. **SALTAR**, COMO OS SAPOS E OS GAFANHOTOS. OU **VOAR**, COMO A MAIORIA DAS AVES, OS MORCEGOS E OS INSETOS.

A EMA É UMA AVE QUE NÃO VOA. ELA PODE ANDAR OU CORRER.

OS ANIMAIS TERRESTRES GERALMENTE USAM MAIS DE UM MODO DE LOCOMOÇÃO. O BEM-TE-VI PODE ANDAR E SALTAR, MAS VOAR É SEU PRINCIPAL MODO DE LOCOMOÇÃO.

1 QUAIS MODOS DE SE LOCOMOVER VOCÊ USA?

ANIMAIS: QUEM É QUEM?

DISPONÍVEL EM: <http://www.embrapa.br/ccweb/jogos/quem-e-quem-animais>. ACESSO EM: 17 NOV. 2017.

ACESSE O *LINK* ACIMA PARA JOGAR E AO MESMO TEMPO CONHECER UM POUCO MAIS DA DIVERSIDADE DE ANIMAIS BRASILEIROS.

LONGAS VIAGENS

ALGUNS ANIMAIS PERCORREM GRANDES DISTÂNCIAS PARA CHEGAR A AMBIENTES QUE TENHAM MAIS COMIDA, MELHORES TEMPERATURAS OU SEJAM MAIS SEGUROS PARA A REPRODUÇÃO. EXISTEM AVES QUE VOAM PARA REGIÕES MAIS QUENTES QUANDO CHEGA O INVERNO, POR EXEMPLO.

A ÁGUIA PESCADORA VOA MUITO PARA SAIR DA AMÉRICA DO NORTE E CHEGAR AO BRASIL NO INÍCIO DO VERÃO.

MUITOS PEIXES, COMO ESSES LAMBARIS, NADAM EM DIREÇÃO À NASCENTE DO RIO, ONDE PÕEM SEUS OVOS.

2 LEIA O TRECHO A SEGUIR.

> AS TARTARUGAS MARINHAS SÃO SOLITÁRIAS E PERMANECEM SUBMERSAS DURANTE MUITO TEMPO.
>
> [...] VIVEM DISPERSAS NA IMENSIDÃO DOS MARES E [...] SABEM O MOMENTO E O LOCAL DE SE REUNIR PARA A REPRODUÇÃO. NESSA ÉPOCA, REALIZAM VIAGENS TRANSOCEÂNICAS PARA VOLTAR ÀS PRAIAS ONDE NASCERAM E DESOVAR.

PROJETO TAMAR. DISPONÍVEL EM: <http://www.tamar.org.br/interna.php?cod=89>. ACESSO EM: 27 SET. 2017.

A. QUAL É O PRINCIPAL MODO DE LOCOMOÇÃO DAS TARTARUGAS?

____

B. POR QUAL MOTIVO ELAS VIAJAM POR LONGAS DISTÂNCIAS?

____

NA PRÁTICA

COMO OS PATOS NADAM?

ALÉM DE VOAR, PATOS, MARRECOS E OUTRAS AVES NADAM MUITO BEM. MAS O QUE FAZ DELAS BOAS NADADORAS?

VOCÊ VAI PRECISAR DE:

- DOIS GARFOS DE PLÁSTICO
- UMA BACIA OU OUTRO RECIPIENTE COM ÁGUA
- UM PEDAÇO DE FILME PLÁSTICO OU PAPEL-ALUMÍNIO

EXPERIMENTE

1. ENROLE OS DENTES DE UM DOS GARFOS COM O FILME PLÁSTICO OU COM O PAPEL-ALUMÍNIO.
2. MERGULHE OS DENTES DOS DOIS GARFOS NA ÁGUA, SEGURANDO-OS PELO CABO. MOVA OS GARFOS PARA A FRENTE E PARA TRÁS, COMO SE FOSSEM REMOS. VOCÊ PODE REPETIR ESSE MOVIMENTO COM UM GARFO DE CADA VEZ.

Cecilia Iwashita/ID/BR

RESPONDA

1 QUAL DOS GARFOS FOI MAIS FÁCIL MOVIMENTAR? QUAL DELES EMPURROU MAIS ÁGUA?

2 COMPARE OS PÉS DAS AVES ABAIXO COM OS GARFOS DO EXPERIMENTO. OS PÉS DO JAÓ SE PARECEM COM QUAL DOS GARFOS? E OS PÉS DO PÉ-VERMELHO?

PÉ-VERMELHO.

JAÓ.

Ilustrações: Cecilia Iwashita/ID/BR

3 NAS IMAGENS ACIMA, MARQUE COM UM **X** A AVE QUE DEVE NADAR MELHOR. CONVERSE COM OS COLEGAS SOBRE O PORQUÊ DA SUA ESCOLHA.

1 DESTAQUE AS IMAGENS DE ANIMAIS DA PÁGINA 137 E COLE ESSAS IMAGENS DE ACORDO COM O AMBIENTE EM QUE OS ANIMAIS VIVEM.

AMBIENTE TERRESTRE

AMBIENTE AQUÁTICO

A. OS ANIMAIS AQUÁTICOS TÊM:

☐ PÉS. ☐ NADADEIRAS. ☐ ASAS.

B. OS ANIMAIS TERRESTRES TÊM:

☐ PÉS. ☐ NADADEIRAS. ☐ ASAS.

2 OBSERVE AS FOTOS A SEGUIR E COMPLETE AS LACUNAS DOS TEXTOS COM AS PALAVRAS ADEQUADAS.

A. OS PEIXES TÊM O CORPO COBERTO DE ______________________.
ELES USAM AS ______________________
E A ______________ PARA SE LOCOMOVER NA ______________.

Norbert Probst/ImageBROKER/Fotoarena
PEIXES.

B. A ARARA TEM O CORPO
COBERTO DE ______________.
ELA USA AS ______________
PARA ______________.

ARARA.

3 **LEIA O TEXTO E RESPONDA ÀS QUESTÕES A SEGUIR.**

A GARÇA-BRANCA-GRANDE VIVE NA BEIRA DE RIOS E LAGOS. TEM ALIMENTAÇÃO VARIADA, COME PEIXES, CARAMUJOS, RÃS, CARANGUEJOS E INSETOS. NOS MESES DE JANEIRO, FEVEREIRO E MARÇO, ESSA AVE SE REPRODUZ.

A GARÇA PODE VOAR GRANDES DISTÂNCIAS PARA SE REPRODUZIR OU PROCURAR COMIDA. QUANDO VOA, MANTÉM AS PERNAS ESTENDIDAS PARA TRÁS.

TEXTO PARA FINS DIDÁTICOS.

A. A GARÇA NÃO DEPENDE DE AMBIENTE AQUÁTICO PORQUE É UM ANIMAL TERRESTRE. VOCÊ CONCORDA COM ESSA FRASE? POR QUÊ?

____

____

____

____

____

B. EM SUA OPNIÃO, QUAL É A IMPORTÂNCIA DE PRESERVAR OS AMBIENTES AQUÁTICOS PARA ANIMAIS COMO A GARÇA?

CAPÍTULO 5

COMO OS ANIMAIS NASCEM E VIVEM

À NOITE, ENQUANTO DORMIMOS, A CORUJA SAI DE SUA TOCA EM BUSCA DE ALIMENTO. DE DIA, NÓS ACORDAMOS COM FOME, ENQUANTO A CORUJA DORME DE BARRIGA CHEIA EM SUA TOCA. OBSERVE OUTROS EXEMPLOS, NAS IMAGENS ABAIXO, QUE REPRESENTAM UM MESMO LOCAL DE DIA E À NOITE.

SÍTIO DURANTE O DIA.

SÍTIO À NOITE.

Ilustrações: Bruna Ishihara/ID/BR

- **NAS CENAS ACIMA, QUAIS ANIMAIS SE MOVIMENTAM MAIS DURANTE O DIA E SE ALIMENTAM NESSE PERÍODO?**
- **E QUAIS ANIMAIS SE MOVIMENTAM MAIS DURANTE A NOITE E SE ALIMENTAM NESSE PERÍODO?**
- **QUAIS ANIMAIS REPRESENTADOS VOCÊ ACHA QUE NASCEM DE OVOS?**

COMO NASCEM OS ANIMAIS

ASSIM COMO TODOS OS SERES VIVOS, OS ANIMAIS PODEM SE REPRODUZIR. EM GERAL, SÃO NECESSÁRIOS UM MACHO E UMA FÊMEA PARA GERAR OS FILHOTES.

MAS EM CERTOS GRUPOS, COMO ALGUNS ESCORPIÕES E LAGARTOS, OS FILHOTES SÃO GERADOS SOMENTE PELAS FÊMEAS.

Bruna Ishihara/ID/BR

NOS SERES HUMANOS, SÃO NECESSÁRIOS UM HOMEM (MACHO) E UMA MULHER (FÊMEA) PARA GERAR UM FILHO.

OS FILHOTES DOS ANIMAIS PODEM NASCER DE OVOS OU DO CORPO DA MÃE.

1 LEIA O TEXTO A SEGUIR.

O DOURADO É UM PEIXE QUE VIVE EM RIOS E SE ALIMENTA DE PEIXES MENORES QUE ELE.

EM CERTA ÉPOCA DO ANO, OS DOURADOS NADAM CONTRA A CORRENTEZA DA ÁGUA, OU SEJA, RIO ACIMA. ISSO ACONTECE NA ÉPOCA DA REPRODUÇÃO, QUANDO OS PEIXES PÕEM OVOS NA ÁGUA.

Fabio Colombini/Acervo do fotógrafo

O DOURADO É UM PEIXE QUE PODE SER ENCONTRADO EM RIOS DO BRASIL.

TEXTO PARA FINS DIDÁTICOS.

A. QUAL É O ALIMENTO DO DOURADO? SUBLINHE NO TEXTO.

B. PODEMOS DIZER QUE O DOURADO NASCE DO CORPO DA MÃE?

ANIMAIS QUE NASCEM DE OVOS

ACESSE O RECURSO DIGITAL

MUITOS ANIMAIS NASCEM DE OVOS. AVES, TARTARUGAS, JACARÉS, MUITAS SERPENTES, A MAIORIA DOS PEIXES E QUASE TODOS OS **INSETOS** NASCEM DESSA MANEIRA.

A FÊMEA PÕE OS OVOS E, ATÉ NASCER, OS FILHOTES SE DESENVOLVEM USANDO O ALIMENTO QUE ESTÁ NO OVO.

ALGUNS ANIMAIS, COMO AVES E ARANHAS, CONSTROEM NINHOS OU OUTRAS ESTRUTURAS PARA DEPOSITAR SEUS OVOS. OUTROS ANIMAIS, COMO MUITOS PEIXES E CORAIS, ESPALHAM OS OVOS PELO AMBIENTE.

AS AVES GERALMENTE FICAM SOBRE OS OVOS PARA MANTÊ-LOS AQUECIDOS ATÉ OS FILHOTES NASCEREM. APÓS O NASCIMENTO, OS FILHOTES DE MUITOS TIPOS DE AVES RECEBEM ALIMENTO DOS PAIS.

lior2/iStock/Getty Images

AS JOANINHAS PÕEM OVOS SOBRE AS PLANTAS.

INSETO: ANIMAL COM SEIS PERNAS E UM PAR DE ANTENAS, COMO O BESOURO, A BORBOLETA E A FORMIGA.

PCHT/Shutterstock.com/ID/BR

BEIJA-FLOR ALIMENTANDO FILHOTES NO NINHO.

2 AS TARTARUGAS FAZEM NINHOS ESCONDIDOS NA AREIA DA PRAIA. QUANDO OS FILHOTES NASCEM, ELES PRECISAM IR ATÉ O MAR. AJUDE ESTES FILHOTES A ENCONTRAR O MAR.

Alexandre Matos/ID/BR

ANIMAIS QUE NASCEM DO CORPO DA FÊMEA

ACESSE O RECURSO DIGITAL

OS FILHOTES DE ALGUNS ANIMAIS FICAM DENTRO DO CORPO DA FÊMEA ATÉ ESTAREM PRONTOS PARA NASCER. ENQUANTO SE DESENVOLVEM, RECEBEM ALIMENTO DO CORPO DA MÃE.

GATOS, MACACOS, GOLFINHOS E SERES HUMANOS SÃO EXEMPLOS DE ANIMAIS QUE NASCEM DO CORPO DE UMA FÊMEA. APÓS O NASCIMENTO, OS FILHOTES SE ALIMENTAM DO LEITE QUE A MÃE PRODUZ.

Rashid Valitov/Shutterstock.com/ID/BR

DEPOIS DE NASCER, OS FILHOTES DE GATO MAMAM PARA SE ALIMENTAR.

3 OBSERVE A FOTO E LEIA A LEGENDA A SEGUIR.

Zig Koch/Natureza Brasileira

OS FILHOTES DE LOBO-GUARÁ NASCEM DO CORPO DA FÊMEA. DEPOIS QUE OS FILHOTES NASCEM, OS PAIS CUIDAM DELES.

A. QUAL É O TIPO DE COBERTURA DO CORPO DESSE ANIMAL?

____

B. GATOS E LOBOS-GUARÁS CUIDAM DE SEUS FILHOTES APÓS O NASCIMENTO. VOCÊ ACHA ISSO IMPORTANTE? CONVERSE COM OS COLEGAS E O PROFESSOR.

TV RÁTIM BUM!
DISPONÍVEL EM: <http://tvratimbum.cmais.com.br>. ACESSO EM: 5 AGO. 2017.
NESSE *SITE*, VOCÊ ENCONTRA JOGOS, ATIVIDADES E VÍDEOS. OUÇA A RÁDIO COM MÚSICAS SOBRE ANIMAIS, ALÉM DE OUTROS TEMAS.

JEITOS DE VIVER

CADA GRUPO DE ANIMAL TEM UM JEITO DIFERENTE DE VIVER, DE COMER, DE INTERAGIR UNS COM OS OUTROS, DE DESCANSAR, ETC. OS LEÕES, POR EXEMPLO, DORMEM DE QUINZE A VINTE HORAS POR DIA! OUTROS ANIMAIS, COMO ALGUNS GOLFINHOS, DORMEM NO MÁXIMO DUAS HORAS.

Westend61/Getty Images

LEÕES E LEOAS DORMEM A MAIOR PARTE DO DIA.

HÁ ANIMAIS QUE USAM A VISÃO PARA AJUDAR NA OBTENÇÃO DE ALIMENTO. ELES SÃO ATIVOS DURANTE O DIA, QUANDO HÁ MAIS LUZ. A MAIORIA DAS AVES (COMO O GAVIÃO E O BEIJA-FLOR), MUITOS INSETOS (COMO ABELHAS E BORBOLETAS), MACACOS E CAPIVARAS SÃO EXEMPLOS DE ANIMAIS DE **HÁBITOS DIURNOS**.

1 QUANTAS HORAS VOCÊ DORME POR DIA? TENTE LEMBRAR A HORA EM QUE VOCÊ COSTUMA DORMIR E A HORA EM QUE COSTUMA ACORDAR. PEÇA AJUDA DO PROFESSOR PARA FAZER A CONTA. RESPONDA NO CADERNO.

2 VOCÊ CONVIVE COM ALGUM ANIMAL DE ESTIMAÇÃO? EM CASO AFIRMATIVO, JÁ OBSERVOU QUE HÁBITOS ELE TEM? CONVERSE COM OS COLEGAS.

SAPOS, PERERECAS E RATOS SÃO MAIS ATIVOS À NOITE, QUANDO O AMBIENTE ESTÁ MAIS FRESCO E ESCURO. CORUJAS, MORCEGOS E SERPENTES TAMBÉM SÃO MAIS ATIVOS À NOITE E CAÇAM DURANTE ESSE PERÍODO. ELES NÃO DEPENDEM SÓ DA VISÃO PARA OBTER ALIMENTO. A CASCAVEL, POR EXEMPLO, TEM UM ÓRGÃO ESPECIAL QUE PERMITE A ELA LOCALIZAR O CALOR DAS PRESAS MESMO NA ESCURIDÃO. TODOS ESSES ANIMAIS TÊM **HÁBITOS NOTURNOS**.

age fotostock RM/Getty Images

AS CORUJAS, COMO O ALUCO, TÊM VISÃO E AUDIÇÃO CAPAZES DE LOCALIZAR AS PRESAS NO ESCURO.

Nature Picture Library/Getty Images

A MAIORIA DOS MORCEGOS, COMO O MORCEGO-DE-LÁBIOS-FRANJADOS, ENXERGA MUITO BEM E PODE VOAR NA ESCURIDÃO.

ALGUNS ANIMAIS VIVEM **FIXOS** ASSIM QUE SE TORNAM ADULTOS, EMBORA A MAIORIA DOS GRUPOS SEJA CAPAZ DE SE DESLOCAR PELO AMBIENTE. OSTRAS, MEXILHÕES E CORAIS SÃO EXEMPLOS DE ANIMAIS FIXOS. AS ANÊMONAS-DO-MAR SÃO PRATICAMENTE FIXAS, MAS SÃO CAPAZES DE SE **LOCOMOVER** UM POUCO.

Nigel Hicks/Dorling Kindersley/Getty Images

OS MEXILHÕES, COMO O MEXILHÃO AZUL, FIXAM-SE EM UM LOCAL, MUITAS VEZES EM ROCHAS, E VIVERÃO SEMPRE NO MESMO LUGAR.

Sue Daly/Nature PL/Fotoarena

AS ANÊMONAS, COMO A ANÊMONA-DÁLIA, PODEM SE LOCOMOVER, POR EXEMPLO, QUANDO O AMBIENTE NÃO ESTÁ FAVORÁVEL A ELAS.

NAVEGANDO EM UMA TELA DIGITAL

PASSA O DEDO PRA LÁ, CLICA AQUI, AUMENTA ALI. SÃO MUITAS AS MANEIRAS DE INTERAGIR COM AS INFORMAÇÕES DE UMA **TELA DIGITAL**. POR EXEMPLO, A TELA DE UM APARELHO CELULAR OU DE UM *TABLET*. NA TELA DIGITAL, PODEMOS ACESSAR UMA **PÁGINA DIGITAL** CONTENDO TEXTOS, VÍDEOS, MAPAS, ILUSTRAÇÕES, FOTOGRAFIAS, ENTRE OUTROS. QUANDO QUALQUER ELEMENTO É ACIONADO, OU "CLICADO", PROVOCA A EXIBIÇÃO DE UM "MAR" DE INFORMAÇÕES, PRINCIPALMENTE QUANDO SE TEM ACESSO À **INTERNET**. ALIÁS, O TERMO "NAVEGAR" É MUITO USADO NA ATIVIDADE DE EXPLORAR O MUNDO DIGITAL. VAMOS VER UM EXEMPLO? OBSERVE A IMAGEM ABAIXO.

INTERNET: REDE MUNDIAL DE COMPUTADORES.

Disponível em: <http://www.museudavida.fiocruz.br>. Acesso em: 19 set. 2017.

SITE DO MUSEU DA VIDA. DISPONÍVEL EM: <http://www.museudavida.fiocruz.br/>. ACESSO EM: 19 SET. 2017.

O *SITE* DO MUSEU DA VIDA, DA FUNDAÇÃO OSWALDO CRUZ, É DE FÁCIL NAVEGAÇÃO E DISPONIBILIZA MUITAS INFORMAÇÕES PARA OS USUÁRIOS. NA IMAGEM DA PÁGINA ANTERIOR ESTÁ A TELA PRINCIPAL DO *SITE*, COM A OPÇÃO DA IMAGEM DE UMA TARTARUGA. AO CLICAR EM "VAMOS DAR UM MERGULHO NA EXPOSIÇÃO OCEANOS?", POR EXEMPLO, ABRE-SE UMA PÁGINA COM INFORMAÇÕES SOBRE ESSA EXPOSIÇÃO. EM CADA PÁGINA EXISTEM ÍCONES QUE ABREM **INTERFACES** PARA NAVEGAR, CADA UMA COM NOVAS INFORMAÇÕES.

INTERFACE: ESPAÇO OU ÁREA EM QUE COISAS DIFERENTES INTERAGEM.

AGORA É A SUA VEZ

1 DESCREVA TUDO O QUE VOCÊ OBSERVA NA PÁGINA DIGITAL DA FOTO NA PÁGINA 58. TROQUE INFORMAÇÕES COM OS COLEGAS.

2 VOCÊ RECONHECE A IMAGEM DA PÁGINA AO LADO COMO UMA PÁGINA DIGITAL? POR QUÊ?

____

3 CITE UMA DIFERENÇA ENTRE UMA PÁGINA DIGITAL E A PÁGINA DE UM LIVRO IMPRESSO, COMO ESTA.

____

4 CITE PELO MENOS DOIS ELEMENTOS QUE VOCÊ GOSTARIA DE EXPLORAR NA PÁGINA DIGITAL DA IMAGEM NA PÁGINA 58.

____

____

APRENDER SEMPRE

1 CIRCULE OS ANIMAIS DE HÁBITOS NOTURNOS.

REPRESENTAÇÃO SEM PROPORÇÃO DE TAMANHO ENTRE OS ELEMENTOS.

CAPIVARA

MORCEGO

BEIJA-FLOR

GAVIÃO

CORUJA

MACACO

Ilustrações: Bruna Ishihara/ID/BR

2 OS CARCARÁS DEPENDEM DE UMA BOA VISÃO PARA CAPTURAR AS PRESAS. ELES DEVEM SER ANIMAIS DE HÁBITOS DIURNOS OU NOTURNOS? POR QUÊ? CONVERSE COM OS COLEGAS.

3 COMPLETE AS LACUNAS DOS TEXTOS A SEGUIR USANDO AS PALAVRAS ABAIXO.

FOCAS	CORAIS	FIXAS

A. AS ANÊMONAS-DO-MAR PASSAM A MAIOR PARTE DO TEMPO ______________ EM UM LOCAL.

B. DEPOIS DE ADULTOS, OS ______________ NÃO SAEM MAIS DO LUGAR ONDE ESTÃO.

C. AS ______________ SE LOCOMOVEM DENTRO DA ÁGUA E EM TERRA FIRME.

4 **PENSE NOS ANIMAIS QUE VOCÊ ESTUDOU NESTE CAPÍTULO.**

A. NO CADERNO, FAÇA DOIS QUADROS. NO QUADRO **1**, DESENHE UM ANIMAL QUE NASCE DE UM OVO. NO QUADRO **2**, DESENHE UM ANIMAL QUE NASCE DO CORPO DA MÃE.

B. QUAL É O TIPO DE COBERTURA DO CORPO DO ANIMAL QUE VOCÊ DESENHOU NO QUADRO **1**?

____

C. QUAL É A FORMA DE LOCOMOÇÃO DO ANIMAL QUE VOCÊ DESENHOU NO QUADRO **2**?

____

5 **A CADELA QUE A FAMÍLIA DE PAULA ADOTOU ESTÁ ESPERANDO FILHOTES. O VETERINÁRIO DISSE QUE ELA PRECISA SE ALIMENTAR BEM PARA QUE OS FILHOTES SE DESENVOLVAM COM SAÚDE.**

Dawidson/ID/BR

FILHOTES DE CACHORRO.

A. DE ONDE VEM O ALIMENTO DE QUE OS FILHOTES PRECISAM PARA SE DESENVOLVER ANTES DO NASCIMENTO?

____

B. COMO OS FILHOTES SE ALIMENTAM DEPOIS QUE NASCEM?

____

C. MUITOS ANIMAIS SÃO ABANDONADOS NA RUA. SEM PROTEÇÃO, ELES PODEM SE MACHUCAR E FICAR SEM COMIDA. NO CADERNO, FAÇA UM DESENHO QUE MOSTRE OS CUIDADOS QUE UM CÃO DEVE RECEBER PARA VIVER BEM.

Saber Ser

CAPÍTULO 6

ONDE VIVEM OS ANIMAIS

VOCÊ CONHECE OS PINGUINS? LEIA O TEXTO A SEGUIR E OBSERVE A FOTO.

OS PINGUINS TÊM ASAS, MAS NÃO VOAM. PODEM ANDAR E SALTAR SOBRE TERRENO FIRME, INCLUSIVE SOBRE O GELO. NA ÁGUA, SÃO ÓTIMOS NADADORES E USAM SUAS ASAS COMO NADADEIRAS.

O CORPO DOS PINGUINS É RECOBERTO DE PENAS. ABAIXO DA PELE, APRESENTAM UMA GROSSA CAMADA DE GORDURA. ESSAS CARACTERÍSTICAS AJUDAM A PROTEGER ESSES ANIMAIS DO FRIO DA ÁREA GELADA ONDE VIVEM. OS PINGUINS HABITAM A REGIÃO MAIS AO SUL DO NOSSO PLANETA, O POLO SUL.

National Geographic Creative/Alamy/Fotoarena

PINGUINS NA ANTÁRTIDA EM 2014.

TEXTO PARA FINS DIDÁTICOS.

- COMO OS PINGUINS SE LOCOMOVEM? E VOCÊ, COMO SE LOCOMOVE?
- OS PINGUINS DESSA FOTO ESTÃO NA ANTÁRTIDA. PARA IR ATÉ LÁ, VOCÊ PODERIA USAR A ROUPA QUE ESTÁ VESTINDO AGORA? EXPLIQUE.
- O QUE POSSIBILITA AOS PINGUINS VIVER NO FRIO?

OS ANIMAIS NO AMBIENTE

OS ANIMAIS HABITAM AMBIENTES MUITO VARIADOS. OS PINGUINS VIVEM EM REGIÕES GELADAS, COMO A ANTÁRTIDA. O TATUPEBA PODE VIVER NA CAATINGA, ONDE É MUITO QUENTE. JÁ O SAGUI-DE-DUAS-CORES VIVE EM FLORESTAS, COMO A AMAZÔNICA, ONDE É QUENTE E CHOVE MUITO.

OS ANIMAIS TÊM CARACTERÍSTICAS QUE OS AJUDAM A VIVER NO AMBIENTE QUE HABITAM. FORA DELE, MUITOS NÃO CONSEGUEM SOBREVIVER.

Fabio Colombini/Acervo do fotógrafo

TATUPEBA NO AMBIENTE SECO DA CAATINGA.

Fabio Colombini/Acervo do fotógrafo

SAGUI-DE-DUAS-CORES EM ÁRVORE DA FLORESTA AMAZÔNICA.

1 LEIA O TEXTO E OBSERVE A IMAGEM.

O MURIQUI É O MAIOR MACACO BRASILEIRO. TEM PERNAS, BRAÇOS E **CAUDA** LONGOS.

ELE HABITA MATAS E SE ALIMENTA DE FOLHAS, FLORES E FRUTOS DE ALGUMAS ÁRVORES DA FLORESTA.

ESSE ANIMAL VIVE EM BANDOS FORMADOS POR MACHOS E FÊMEAS.

OS FILHOTES NASCEM DO CORPO DA MÃE E PERMANECEM COM ELA DURANTE ANOS.

Luciano Candisani/kino.com.br

MURIQUI.

CAUDA: RABO.

TEXTO PARA FINS DIDÁTICOS.

A. COMO O MURIQUI SE SEGURA NOS GALHOS?

B. COMO AS PERNAS, OS BRAÇOS E A CAUDA PODEM AJUDAR O MURIQUI A CONSEGUIR ALIMENTO?

ANIMAIS DO BRASIL E DO MUNDO

AS FOTOS A SEGUIR MOSTRAM ALGUNS ANIMAIS DA **FAUNA** BRASILEIRA.

FAUNA: CONJUNTO DE ANIMAIS QUE VIVEM EM UMA REGIÃO.

Haroldo Palo Jr./kino.com.br

UIRAPURU.

Edson Grandisoli/Pulsar Imagens

PREGUIÇA.

Palê Zuppani/Pulsar Imagens

CERVO-DO-PANTANAL.

Gerson Gerloff/Pulsar Imagens

TEIÚ.

ESSES ANIMAIS SÃO **NATIVOS** DO BRASIL, ISTO É, ELES TÊM ORIGEM E VIVEM EM AMBIENTES BRASILEIROS E NÃO FORAM TRAZIDOS DE OUTROS LOCAIS.

1 COM A AJUDA DO PROFESSOR, PESQUISE INFORMAÇÕES SOBRE DOIS ANIMAIS NATIVOS DO BRASIL: COMO SÃO, ONDE VIVEM, DO QUE SE ALIMENTAM, ETC.

QUE BICHO É ESSE? TAMANDUÁ-BANDEIRA

DISPONÍVEL EM: <http://tvbrasil.ebc.com.br/interprogramas/2017/07/que-bicho-e-esse-tamandua-bandeira>. ACESSO EM: 17 NOV. 2017.

NESSE *LINK*, VOCÊ ACESSA UM DIVERTIDO VÍDEO COM INFORMAÇÕES E CURIOSIDADES SOBRE UM TÍPICO ANIMAL BRASILEIRO: O TAMANDUÁ-BANDEIRA.

ALGUMAS VEZES, OS ANIMAIS NATIVOS SÃO RETIRADOS DE SEU LOCAL DE ORIGEM PELO SER HUMANO E LEVADOS PARA OUTRAS PARTES DO MUNDO. ANIMAIS QUE NÃO SÃO NATIVOS DO LUGAR EM QUE ESTÃO SÃO CHAMADOS DE **EXÓTICOS**.

focusphotoart/iStock/Getty Images

O POMBO-DOMÉSTICO É NATIVO DA EUROPA.

Konrad Wothe/Minden/Fotoarena

A BARATA-AMERICANA É NATIVA DA ÁFRICA.

Craig Fraser/Shutterstock.com/ID/BR

AS GIRAFAS SÃO NATIVAS DA ÁFRICA.

Young777/iStock/Getty Images

OS PANDAS-GIGANTES SÃO NATIVOS DA ÁSIA.

ALGUNS ANIMAIS SÃO TRAZIDOS PARA SER EXPOSTOS EM ZOOLÓGICOS. OUTROS VÊM POR ENGANO OU ESCONDIDOS **ILEGALMENTE** NO TRANSPORTE DE ALGUMA CARGA. ASSIM, OS ANIMAIS EXÓTICOS PODEM PASSAR A VIVER NO LOCAL PARA ONDE SÃO TRAZIDOS.

ILEGAL: QUE NÃO RESPEITA AS LEIS.

2 **VOCÊ CONHECE ALGUM ANIMAL EXÓTICO NO BRASIL? CASO CONHEÇA, CONTE PARA OS COLEGAS.**

ANIMAIS E SEUS ABRIGOS

ACESSE O RECURSO DIGITAL

ABRIGOS SÃO LOCAIS QUE SERVEM DE PROTEÇÃO PARA OS ANIMAIS, SEJAM ELES ADULTOS OU FILHOTES.

ALGUNS ANIMAIS CONSTROEM SEUS PRÓPRIOS ABRIGOS. AS AVES CONSTROEM NINHOS NOS QUAIS PÕEM OS OVOS E OS FILHOTES SE DESENVOLVEM. JÁ AS FORMIGAS CONSTROEM FORMIGUEIROS ESCAVANDO O SOLO.

REPRESENTAÇÃO SEM PROPORÇÃO DE TAMANHO ENTRE OS ELEMENTOS.

Sylvain Cordier/Hemis/Alamy/Fotoarena

NINHO DE XEXÉU NA AMAZÔNIA.

Nopparatz/iStock/Getty Images
R-P/Kino.com.br

EM **A**, ABERTURA DE FORMIGUEIRO COM PARTE DA TERRA QUE FOI RETIRADA DO SOLO. EM **B**, FORMIGA.

OCO: VAZIO POR DENTRO.

OUTROS ANIMAIS ABRIGAM-SE EMBAIXO DE FOLHAS CAÍDAS OU EM TRONCOS **OCOS**, COMO CERTOS PICA-PAUS. ALGUNS BESOUROS SE ABRIGAM EM CASCAS DE ÁRVORES.

Palê Zuppani/Pulsar Imagens

Fabio Colombini/Acervo do fotógrafo

A: O PICA-PAU-DE-TOPETE-VERMELHO CAVA BURACOS NO TRONCO DE ÁRVORES, ONDE CONSTRÓI SEU NINHO. **B**: O ESCARAVELHO É UM BESOURO QUE SE ABRIGA EM CASCAS DE ÁRVORES E PODE SER ENCONTRADO NA MATA ATLÂNTICA.

1 LEIA O TEXTO E OBSERVE AS FOTOS.

O JOÃO-DE-BARRO PERCEBE A DIREÇÃO DO VENTO E CONSTRÓI SEU NINHO NA DIREÇÃO CONTRÁRIA. ASSIM, A FÊMEA E OS FILHOTES FICAM PROTEGIDOS DA CHUVA E DAS VENTANIAS.

Fotografias: Fabio Colombini/Acervo do fotógrafo

FASES DA CONSTRUÇÃO DO NINHO DO JOÃO-DE-BARRO.

TEXTO PARA FINS DIDÁTICOS.

A. POR QUE O NINHO É UM ABRIGO PARA O JOÃO-DE-BARRO?

____

B. QUE MATERIAL ESSA AVE USA PARA FAZER O NINHO? COMO VOCÊ SABE DISSO?

____

2 LIGUE AS IMAGENS À DESCRIÇÃO DO ABRIGO DE CADA ANIMAL.

Israel Moran/Shutterstock.com/ID/BR

MOREIA

MelaniWright/Shutterstock.com/ID/BR

PERERECA

Aria_RJWarren/Shutterstock.com/ID/BR

ESQUILO

TRONCO OCO DE ÁRVORE.

FENDA ENTRE ROCHAS NO MAR.

ENTRE AS FOLHAS DE BROMÉLIA.

TODO SER VIVO TEM UMA CASA

DISPONÍVEL EM: <http://www.e-learningforkids.org/environmental-skills/lesson/todo-ser-vivo-tem-uma-casa/>. ACESSO EM: 6 AGO. 2017.

NESSE DIVERTIDO JOGO, SUA TAREFA É TENTAR FAZER COM QUE CADA ANIMAL ENCONTRE SUA CASA.

O TEMÍVEL TEIÚ CAIÇARA

VOCÊ JÁ OUVIU A PALAVRA **CAIÇARA**? ELA É USADA PARA NOMEAR COMUNIDADES QUE VIVEM HÁ MUITOS ANOS PRÓXIMAS AO **LITORAL** DO RIO DE JANEIRO, DE SÃO PAULO E DO PARANÁ.

CAIÇARA É UMA PALAVRA DE ORIGEM TUPI-GUARANI, QUE SIGNIFICA "CERCA DE MADEIRA", GERALMENTE BAMBU, QUE PROTEGE AS ALDEIAS INDÍGENAS (EVITANDO A ENTRADA DE INIMIGOS) OU AS ROÇAS (CONTRA ANIMAIS QUE PODEM COMER AS PLANTAS).

NA **BARRA DO RIBEIRA**, LITORAL DE SÃO PAULO, EXISTEM ALGUMAS COMUNIDADES CAIÇARAS. UM ANIMAL MUITO COMUM DE LÁ É O **TEIÚ**, UM LAGARTO BEM GRANDE.

Alf Ribeiro/Pulsar Imagens

NO LITORAL DA BARRA DO RIBEIRA, A MATA CHEGA PERTO DO MAR. FOTO DE 2016.

Bordas, Marie Ange. *Manual da criança caiçara*. São Paulo: Peirópolis, 2011.

AS CRIANÇAS CAIÇARAS DESENVOLVEM MUITAS BRINCADEIRAS NOS AMBIENTES DA PRAIA E DA MATA.

ACOMPANHE A HISTÓRIA A SEGUIR, BASEADA NO COTIDIANO DAS COMUNIDADES DA BARRA DO RIBEIRA.

QUEM ANDA NO MATO SABE MUITA HISTÓRIA DE COBRA, E QUEM ANDA NA **BARRA**, PELA ZONA DA PRAIA, CONHECE UM MONTE DE CASO DE LAGARTO. E O LAGARTO PRINCIPAL, POR AQUI, É O TEIÚ. PODE MEDIR [UM METRO E QUARENTA CENTÍMETROS] E PESAR CINCO QUILOS. É UM DOS MAIORES LAGARTOS DO BRASIL. COME FRUTAS, AVES, UNS BICHOS ROEDORES E INSETOS. MAS GOSTA MESMO É DE OVO. ADULTO, FICA BRAVO E PODE MORDER OU DAR RABANADAS – BATE O RABO COMO UM CHICOTE. ÀS VEZES MORDE E FICA GRUDADO EM QUEM TENTA JOGAR PEDRA NELE. A GENTE PENSA QUE O LAGARTO É BONZINHO, CHEGA PERTO, ELE CORRE. MAS SE PROVOCAR, FOR ATRÁS DELE, O BICHO VEM ATRÁS. [...]

Palê Zuppani/Pulsar Imagens

LAGARTO TEIÚ.

MARIE ANGE BORDAS. *MANUAL DA CRIANÇA CAIÇARA*. SÃO PAULO: PEIRÓPOLIS, 2011. P. 40.

estudio Maia/Shutterstock.com/ID/BR

1 EM QUE AMBIENTE VIVE O TEIÚ CITADO NO TEXTO?

2 O TEIÚ É UM ANIMAL NATIVO OU EXÓTICO DO BRASIL? SUBLINHE NO TEXTO UM TRECHO QUE CONFIRME SUA RESPOSTA.

3 PESQUISE, COM A AJUDA DO PROFESSOR, COMO É O MODO DE VIDA TRADICIONAL DE UM CAIÇARA.

APRENDER SEMPRE

ACESSE O RECURSO DIGITAL

1 LEIA AS LEGENDAS DAS IMAGENS EM **A** E **B**. MARQUE DE VERDE A ABELHA EXÓTICA. MARQUE DE VERMELHO O ABRIGO DA ABELHA NATIVA.

A

Jolkesky/iStock/Getty Images

Fabio Colombini/Acervo do fotógrafo

A ABELHA JATAÍ É NATIVA DO BRASIL. ELA CONSTRÓI NINHOS COM UMA ABERTURA EM FORMA DE TÚNEL.

B

Raul Topan/Shutterstock.com/ID/BR

Marcos André/Opção Brasil

A ABELHA-EUROPA É EXÓTICA NO BRASIL. PODE CONSTRUIR NINHOS ENORMES. SUA FERROADA É MUITO DOLORIDA.

2 O DESMATAMENTO, OU SEJA, A RETIRADA DA VEGETAÇÃO NATURAL DE UM LOCAL, PODE FAZER MAL AOS ANIMAIS. POR QUE É IMPORTANTE PRESERVAR MATAS, CAMPOS E OUTROS AMBIENTES COM VEGETAÇÃO PARA A SOBREVIVÊNCIA DOS ANIMAIS? CONVERSE COM OS COLEGAS.

Saber Ser

PROJETO TATU-CANASTRA

DISPONÍVEL EM: <https://www.icasconservation.org.br/sobre-o-tatu-canastra>. ACESSO EM: 17 NOV. 2017.

NESSE *LINK*, VOCÊ ACESSA INFORMAÇÕES SOBRE O TATU-CANASTRA, UM ANIMAL BRASILEIRO AMEAÇADO. VOCÊ PODE EXPLORAR TAMBÉM OUTROS ÍCONES PARA CONHECER UM PROJETO DE PRESERVAÇÃO DESSE ANIMAL.

3 LEIA O POEMA A SEGUIR.

MACACO-ARANHA,
BUGIO GUARIBA,
SAGUI-DE-BIGODE
E OUTROS MACAQUINHOS.
ARARAJUBA,
SABIÁ-CICA,
GAVIÃO-DE-PENACHO
E OUTROS PASSARINHOS.
CACHORRO-VINAGRE,
GATO-PALHEIRO,
CERVO-DO-MANGUE
E OUTROS BICHINHOS.
MORAM NAS MATAS,
NAS BEIRAS DE RIO,
NO ALTO DAS ÁRVORES,
EM TODO O BRASIL.

LALAU E LAURABEATRIZ. *BRASILEIRINHOS*: POESIA PARA OS BICHOS MAIS ESPECIAIS DA NOSSA FAUNA. SÃO PAULO: COSAC NAIFY, 2001.

A. ESSE POEMA RECEBEU O TÍTULO “BRASILEIRINHOS”. EM SUA OPINIÃO, POR QUE OS AUTORES FIZERAM ESSA ESCOLHA?

____

____

B. SUBLINHE OS VERSOS QUE CITAM OS AMBIENTES EM QUE ESSES ANIMAIS VIVEM.

C. FORME DUPLA COM UM COLEGA. DEEM UM EXEMPLO DE OUTRO ANIMAL QUE VIVE EM CADA AMBIENTE CITADO NO POEMA.

____

____

CAPÍTULO 7

Animais domesticados e animais silvestres

Animais domesticados convivem com os seres humanos há muitos e muitos anos. Mas muito antes de existirmos na Terra, já havia por aqui animais silvestres que viviam na natureza sem nenhuma dependência dos cuidados humanos.

Observe um gato e uma jaguatirica nas imagens abaixo.

Gato.

Jaguatirica.

Ilustrações: Cecília Iwashita/ID/BR

- Em que ambiente está o gato? O que ele está fazendo?
- Em que ambiente está a jaguatirica? O que ela está fazendo?
- Qual desses animais precisa receber cuidados dos seres humanos?
- Em sua opinião, uma jaguatirica poderia viver com seres humanos em um apartamento? Por quê?

Animais domesticados

Animais criados pelo ser humano são chamados de **domesticados**. Alguns, como bois, porcos e galinhas, são criados para fornecer produtos como carne, leite ou ovos e vivem em sítios ou fazendas. Outros, como gatos e cachorros, são de estimação e nos fazem companhia. Esses animais vivem, em geral, em nossas casas.

bibiphoto/Shutterstock.com/ID/BR

O leite que tomamos é produzido por vacas em sítios ou fazendas.

Animais domesticados devem ser vacinados para evitar certas doenças. As pessoas são responsáveis por fornecer água, comida, abrigo, carinho e outros cuidados a esses animais.

1 **Contorne abaixo cinco palavras sobre o que se deve dar a um gato para que ele viva bem.**

Saber Ser

B	Á	K	T	C	I	P	D	F
Q	G	V	X	A	A	R	Q	E
R	U	T	U	R	I	O	P	A
S	A	B	R	I	G	O	D	F
V	A	C	I	N	A	G	H	J
I	L	Z	X	H	C	V	B	N
M	R	T	C	O	M	I	D	A
Y	U	O	W	F	H	R	C	P

Ilustra Cartoon/ID/BR

Animais silvestres

Animais que vivem livres em ambientes naturais, que não foram domesticados pelos seres humanos nem dependem deles para viver e se reproduzir, são chamados de **animais silvestres**.

Os tracajás são animais silvestres comuns em rios no estado do Pará.

Dentro da jaula

ACESSE O RECURSO DIGITAL

Muitos animais silvestres são capturados e vendidos como animais de estimação. Grande parte desses animais morre durante a captura ou o transporte.

Mico-de-cheiro mantido ilegalmente em jaula no Brasil.

1 **Leia o texto abaixo e responda ao que se pede.**

> [...] O bem-estar do animal silvestre não depende apenas do cuidado, carinho e boas intenções do comprador. Um animal silvestre criado como doméstico, além de sofrer com a solidão [...], pode sofrer por ficar preso em espaço físico reduzido e comer alimentos inapropriados. [...]

Lorene Lima. Tráfico de animais contribui para extinção de espécies. Instituto Chico Mendes (ICMBio). Disponível em: <http://www.brasil.gov.br/meio-ambiente/2014/07/trafico-de-animais-contribui-para-extincao-de-especies>. Acesso em: 6 maio 2017.

a. Quais problemas um animal silvestre capturado pode enfrentar?

____

b. Em sua opinião, as pessoas que compram animais silvestres estão fazendo algo bom? Por quê?

Saber Ser

____

____

____

Proteção aos animais silvestres

Existem leis que proíbem a captura e a comercialização de animais silvestres nativos, como macacos e jabutis. Mesmo assim, muitos animais são capturados e vendidos de forma ilegal. Os ovos e os filhotes também são, frequentemente, retirados de seu ambiente.

2 Escreva ao lado de cada foto uma frase sobre o animal que aparece na imagem. Veja o exemplo.

Evgeny Dontsov/iStock/Getty Images

Gatos são animais domesticados e ótimas companhias. Adote um gatinho.

Haroldo Palo Jr./kino.com.br

Kontrec/iStock/Getty Images

davemhuntphotography/Shutterstock.com/ID/BR

O que são as coisas? Bichos de estimação
Disponível em: <http://tvescola.mec.gov.br/tve/video?idItem=11267>. Acesso em: 8 set. 2017.
Quer saber mais sobre os animais domesticados e os silvestres? Assista a esse divertido vídeo e enriqueça seu aprendizado.

Animais ameaçados de extinção

ACESSE O RECURSO DIGITAL

Animais **extintos** são aqueles que não existem mais no planeta.

A arara-azul-pequena foi a primeira ave brasileira a ser considerada extinta. O que aconteceu com ela pode acontecer com outros animais.

Já o tigre e o panda-gigante, por exemplo, ainda existem, mas correm risco de desaparecer. Eles estão **ameaçados de extinção**. Veja nas imagens abaixo alguns exemplos de animais brasileiros ameaçados de extinção.

Cecília Iwashita/ID/BR

Desenho da arara-azul-pequena, animal considerado extinto.

Tom Alves/kino.com.br

A onça-pintada está ameaçada pela caça e pela destruição de ambientes em que ela vive.

Michael Gore/FLPA/Minden Pictures/Fotoarena

A captura e a venda ilegal está entre as principais ameaças ao tucano-de-bico-preto.

A extinção pode acontecer por vários motivos. Vamos conhecer alguns deles na página a seguir.

Livro vermelho das crianças
Disponível em: <http://livroaberto.ibict.br/handle/1/1056>. Acesso em: 17 nov. 2017.

Acesse o *link* para ler a versão eletrônica de um livro recheado de ilustrações feitas por crianças. Esse livro reúne textos sobre animais ameaçados de extinção no Brasil e aborda a importância de proteger a fauna brasileira.

Caça

Muitos animais estão ameaçados de extinção porque são retirados do ambiente em que vivem. Alguns são caçados por causa de sua carne, de sua pele ou de outra parte do corpo. Outros são vendidos ilegalmente e passam a viver presos em jaulas.

VPC Animals Photo/Alamy/Fotoarena

O peixe-boi-marinho está ameaçado de extinção. Seu couro e sua gordura são usados para curar ferimentos.

Destruição de ambientes

O **desmatamento**, as queimadas e a poluição também prejudicam os animais. Se os ambientes naturais são destruídos, os animais podem ficar sem abrigo e alimento. Assim, muitos morrem sem conseguir se reproduzir.

Preservar as áreas naturais é uma maneira importante de proteger esses animais.

Desmatamento: retirada da vegetação natural.

Fabio Colombini/Acervo do fotógrafo

As queimadas provocadas pelo ser humano destroem o ambiente de várias espécies silvestres. Capixaba, Acre. Foto de 2015.

1 Quais atitudes do ser humano podem causar a extinção de animais? Converse com os colegas.

Saber Ser

2 Use as sílabas a seguir para formar o nome de quatro animais silvestres do Brasil ameaçados de extinção. Você pode usar cada sílaba ou letra mais de uma vez.

LO PA ON MA BO AN RA CA TA ÇA A CO

____

____

Vamos ler imagens!

Fotografias de armadilhas fotográficas

Para conhecer melhor os animais, alguns pesquisadores usam armadilhas fotográficas.

A **armadilha fotográfica** é uma câmera que captura imagens sem que nenhuma pessoa precise mexer nela. Então, quando o animal passa na frente da armadilha, a câmera é ativada e tira uma fotografia dele. Com o uso dessas máquinas, o animal não precisa ser capturado para que seja estudado. Mas, como o disparo é automático, nem sempre as imagens mostram o animal inteiro. Se ele estiver se mexendo ou próximo demais da câmera, a foto pode sair sem foco, borrada.

Adriano Gambarini/Acervo do fotógrafo

Pesquisadora colocando armadilha fotográfica para capturar imagens de felinos como a onça-pintada. Parque Nacional do Iguaçu, Paraná. Foto de 2016.

Foto de cachorros-vinagre tirada com armadilha fotográfica. Parque Nacional dos Campos Amazônicos, Novo Aripuanã, Amazonas, em 2016.

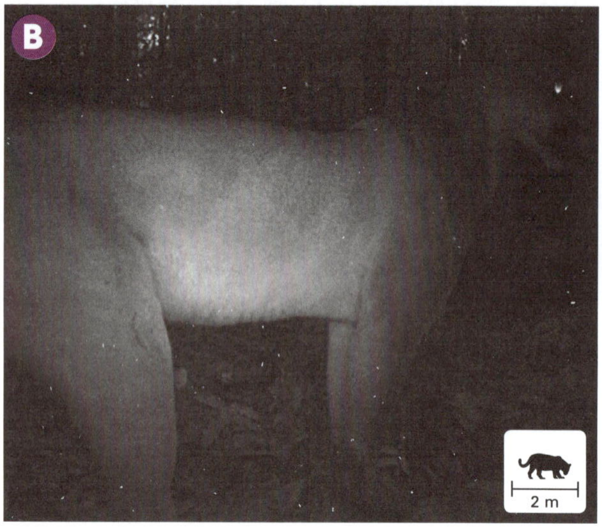

Foto de onça-parda tirada com armadilha fotográfica. Parque Nacional dos Campos Amazônicos, Novo Aripuanã, Amazonas, em 2016.

Fotos: Divisão de Comunicação Social/ICMBio

Concurso premia fotos tiradas com armadilhas fotográficas
Disponível em: <http://www.bbc.com/portuguese/noticias/2010/11/101124_galeria_animais_jf.shtml>. Acesso em: 8 set. 2017.

Acesse o endereço indicado para ver belas fotos premiadas tiradas com o uso de armadilhas fotográficas posicionadas em vários lugares do mundo.

Para fazer a leitura de uma foto tirada com uma armadilha fotográfica é preciso:

- descobrir se a foto foi obtida durante o dia ou à noite;
- identificar o animal fotografado;
- reconhecer o que a cena mostra;
- verificar se a imagem está nítida ou borrada;
- verificar se aparece o corpo inteiro do animal.

Agora é a sua vez

1 **Observe as fotografias tiradas com armadilha fotográfica, na página anterior, e complete a tabela abaixo.**

	Fotografia A	Fotografia B
A cena parece ter sido fotografada durante o dia ou à noite?		
Qual é o animal da foto?		
O que a cena mostra?		
O animal aparece nítido ou desfocado, borrado?		
Aparece o corpo inteiro do animal ou somente parte dele?		

2 **Quais são as vantagens do uso das armadilhas fotográficas na pesquisa de animais silvestres? Para responder, consulte o texto desta seção e também utilize suas reflexões pessoais.**

Aprender sempre

ACESSE O RECURSO DIGITAL

1 Pinte os quadrinhos de acordo com o grupo a que cada animal pertence.

Representação sem proporção de tamanho entre os elementos.

Animal silvestre — Animal domesticado

Ilustrações: Cecilia Iwashita/ID/BR

☐ cachorro ☐ cavalo ☐ vaca

☐ porco ☐ sagui ☐ beija-flor

2 Observe a ilustração abaixo.

Cecilia Iwashita/ID/BR

a. Qual é a ameaça ao mico-leão-dourado que a imagem mostra?

b. Como cada um de nós pode contribuir para acabar com essa ameaça?

Saber Ser

3 Leia o poema:

A arara
É uma ave rara [...].
E se o homem não para
De caçar arara,
Hoje uma ave rara,
Ou a arara some
Ou então muda seu nome
Para arrara.

A arara-azul-grande está ameaçada de extinção.

José Paulo Paes. *Olha o bicho*. Ilustrações de Rubens Matuck. 11. ed. São Paulo: Ática, 2011. p. 4.

a. Discuta com os colegas o significado da palavra **rara**. Se necessário, consulte um dicionário.

b. Converse com os colegas: O que vocês acham que o autor quis dizer com "Ou então muda seu nome / Para arrara"?

4 Leia o texto a seguir.

Há mais de 20 anos desapareceu o último mutum-do-nordeste que vivia livremente no ambiente.

As florestas nordestinas onde essas aves eram encontradas foram substituídas por plantações.

Mutum-do-nordeste.

Texto para fins didáticos.

a. Quando existiam na natureza, essas aves eram silvestres ou domesticadas?

b. Por que o mutum-do-nordeste foi extinto da natureza?

CAPÍTULO 8
Conhecer as plantas

Muitas vezes nós não reparamos, mas as plantas estão por toda parte e são muito importantes para a vida na Terra. O jardim ilustrado abaixo é formado por muitas plantas.

Cecília Iwashita/ID/BR

- O que a menina está fazendo no jardim? Ela está aproveitando algo de alguma planta?
- Cite as duas plantas de que você mais gostou nesse jardim. O que há de diferente e de semelhante entre elas?
- No caderno, faça o desenho de uma planta que exista em sua casa ou na escola. Troque seu desenho com o de um colega e conversem sobre as diferenças e as semelhanças entre eles.

Necessidades das plantas

ACESSE O RECURSO DIGITAL

As plantas, como todos os seres vivos, precisam de **água** para sobreviver. Algumas, como o arroz, precisam de muita água e são cultivadas em áreas encharcadas. Já os cactos, como o mandacaru, precisam de pouca água e podem viver em ambientes secos. Os cactos suportam o calor e podem ficar muito tempo expostos ao sol. No caso das samambaias, muitas delas só sobrevivem em locais frescos e sombreados.

Daniel Cymbalista/Pulsar Imagens

Plantação de arroz em Jaraguá do Sul, Santa Catarina. Foto de 2016.

Fabio Colombini/Acervo do fotógrafo

Mandacaru em Cabrobó, Pernambuco. Foto de 2016.

As plantas também precisam de **luz**, de **sais minerais** (que são retirados do solo por suas raízes) e de alguns componentes do **ar** que respiramos.

Sais minerais: componentes do solo que as plantas utilizam para se desenvolver.

Cuidados com as plantas

Em ambientes naturais, as plantas encontram água, ar, luz, nutrientes e temperaturas aos quais estão habituadas para viver. Já as plantas que vivem em vasos devem ser regadas e mantidas em locais arejados e iluminados. É preciso respeitar e preservar também as plantas de matas, parques, praças e jardins públicos. Por isso, não devemos arrancar folhas e flores, quebrar os galhos das plantas ou arranhar o tronco das árvores.

Embrapa
Disponível em: <http://ccw.sct.embrapa.br/>. Acesso em: 12 maio 2017.
Nesse *link*, você pode aprender a cuidar de uma planta, identificar árvores e plantações de um cenário, entre outras atividades.

Na prática

Necessidades básicas das plantas

Etapa 1: E se não houver luz?

Aprendemos que as plantas precisam de luz para viver. Vamos ver o que acontece com uma planta quando ela não recebe luz?

Você vai precisar de:

- 1 feijoeiro com 2 folhas (cerca de 10 dias de vida)
- 1 pedaço de papel-alumínio com cerca de 15 cm de lado

Experimente

1. Escolha uma das folhas para cobri-la com papel-alumínio. Faça o contorno das duas folhas no caderno, identificando-as. Anote a data.
2. Dobre o pedaço de papel-alumínio ao meio e envolva com cuidado a folha escolhida, evitando que ela se dobre.

Ilustrações: Cecília Iwashita/ID/BR

3. Mantenha a planta em local iluminado por duas semanas.

Responda

1 O que você acha que vai acontecer com a folha com papel-alumínio? Responda no caderno.

2 Desembrulhe a folha e compare-a com a outra, que ficou descoberta. Que diferenças existem entre elas?

3 Aconteceu o que você esperava? Converse com os colegas e o professor.

4 Sobreponha as folhas sobre os respectivos contornos do caderno e faça novos contornos. Circule em vermelho aquela que cresceu mais.

Etapa 2: E se não houver água?

Vimos que, além de luz, as plantas necessitam de água para viver. Vamos ver o que acontece com uma planta quando ela deixa de receber água.

Você vai precisar de:

- 2 plantas idênticas, do mesmo tamanho (sugestão: manjericão)
- 1 pote com água para molhar a planta
- etiquetas para identificação das plantas

Experimente

1. Etiquete as plantas com as identificações "com água" e "sem água".

Osni Oliveira/ID/BR

2. Faça um registro da aparência das plantas no início do experimento. Descreva o aspecto e a cor das folhas e da terra e outras informações que julgar pertinentes.
3. Durante duas semanas mantenha as duas plantas em local iluminado. A planta com a etiqueta "com água" deve receber água a cada dois dias. Já a planta com a etiqueta "sem água" não deve ser regada durante todo o período do experimento.

Responda

5 O que você acha que vai acontecer com a planta que ficar sem água? Responda no caderno.

6 No caderno, descreva o aspecto das plantas após as duas semanas. Que diferenças existem entre elas?

7 O que você acha que aconteceria com a planta "sem água" se ela ficasse mais duas semanas sem receber água? Por quê?

Plantas por toda parte

É difícil sair por aí e não ver nem uma planta sequer. Entre as brechas de um muro ou uma calçada, em canteiro, jardim, campo ou floresta, basta olharmos que elas estarão lá. Plantas podem ser encontradas em lugares muito diferentes.

Plantas terrestres

ACESSE O RECURSO DIGITAL

As **plantas terrestres** podem viver fixas ao solo, como as árvores e a grama. Outras podem viver sobre rochas e até sobre outras plantas, como orquídeas e bromélias.

Em ambientes terrestres, existem plantas que habitam áreas muito **úmidas** e sombreadas. Outras vivem em ambientes quentes e secos, onde chove pouco. Há ainda aquelas que vivem no frio, onde pode até nevar.

Úmido: com água.

Edson Grandisoli/Pulsar Imagens

Vários tipos de orquídea podem viver sobre outras plantas. Itapecerica da Serra, São Paulo.

Edu Lyra/Pulsar Imagens

Os pinheiros podem habitar locais frios, como São Joaquim, em Santa Catarina.

1 **A barriguda é uma árvore que sobrevive em regiões secas.**

a. Observe a foto ao lado e responda: Por que essa árvore é chamada barriguda?

b. A barriguda armazena água em seu tronco. Essa característica traz alguma vantagem para essa árvore?

Andre Dib/Pulsar Imagens

A barriguda pode atingir a altura de um prédio de dez andares. Mata Verde, Minas Gerais.

Plantas aquáticas

As plantas que vivem em rios, lagos ou no mar são **plantas aquáticas**. Algumas vivem inteiramente mergulhadas. Já outras podem flutuar sobre a água.

Haroldo Palo Jr./Acervo do fotógrafo

As folhas dessas ninfeias flutuam na superfície da água.

Constantinos Petrinos/Nature PL/Fotoarena

A elódea vive submersa na água, presa no fundo de lagos e aquários.

2 **Leia a ficha abaixo e depois responda à questão.**

Nome: aguapé.

Onde vive: na água de rios e lagos.

Características: é uma planta flutuante. Suas folhas ficam na superfície e suas raízes ficam debaixo da água. Não sobrevive em climas frios.

Fabio Colombini/Acervo do fotógrafo

- Em qual dos locais representados a seguir o aguapé poderia ser encontrado? Marque com um **X**.

Ilustrações: Cecília Iwashita/ID/BR

Vamos ler imagens!

Ilustração botânica

Ilustrações artísticas não precisam, necessariamente, representar o mundo real como o vemos. Assim, o que se desenha não precisa ser parecido com o que vemos no ambiente. Mas há ilustrações em que o objetivo é retratar o mundo real de maneira fiel. É o caso das **ilustrações botânicas**.

As ilustrações botânicas são **ilustrações científicas**. Elas buscam representar, por meio de desenho ou pintura, os detalhes da planta natural de maneira fiel e precisa. Desse modo, mesmo que vejamos as ilustrações de duas espécies quase idênticas entre si, ainda será possível distingui-las pelos detalhes presentes nos desenhos.

Observe a fotografia do girassol e compare-a com a ilustração botânica. Elas podem ser em preto e branco, feitas com a técnica de nanquim, por exemplo, ou coloridas, feitas com a técnica da aquarela, entre outras possibilidades. Para identificar uma ilustração botânica, devemos observar:

- se a imagem mostra um desenho de uma planta;
- se a planta se parece com o que vemos na natureza;
- se a imagem foi publicada em revistas científicas, livros didáticos, *sites*, revistas de notícias ou outros.
- o que informa a legenda.

Rarin Lee/Shutterstock.com/ID/BR

Foto de girassóis.

Bildarchiv Hansmann/Interfoto/Latinstock

Ilustração botânica de girassol (*Helianthus annuus*) feita por Basilius Besler. Alemanha, 1613.

Agora é a sua vez

1 Você diria que o desenho ao lado é uma ilustração científica? Por quê? Para responder, compare-a com a ilustração da página anterior.

nodff/Shutterstock.com/ID/BR

2 Liste todas as estruturas que você pode observar na imagem ao lado. Por exemplo: Ela mostra como é a flor dessa planta? Mostra como é por dentro do fruto? É possível saber se a planta ilustrada é uma árvore ou uma erva?

Harvard University Botany Libraries, Cambridge, MA, EUA. Fotografia: ID/BR

3 Converse com os colegas sobre a importância de ilustrações científicas para o estudo e a preservação das plantas.

Saber Ser

Aprender sempre

1 A ilustração abaixo representa um jardim botânico, um parque com muitas espécies de plantas.

Destaque as imagens de plantas da página 139 e cole essas imagens nos locais em que as plantas podem ser encontradas.

Cecilia Iwashita/ID/BR

2 A imagem ao lado mostra uma bromélia. Escreva uma legenda para essa foto usando algumas palavras do quadro.

apoiada	bromélia
árvores	planta
aquática	samambaia
enterrada	desmatado
troncos	mergulhada

Vitor Marigo/Tyba

____

____

3 Observe a figura a seguir e troque ideias com os colegas e o professor.

Cecilia Iwashita/ID/BR

a. Do que as plantas mostradas nesse ambiente precisam para viver?

____

b. Marque um **X** sobre um arbusto e contorne uma árvore.

4 Observe a ilustração a seguir.

Giz de Cera/Léo Fanelli/ID/BR

a. Se as plantas não forem regadas, de onde elas podem conseguir água? ______________________________

b. Circule as crianças que apresentam atitudes de desrespeito às plantas.

c. O que vocês diriam a essas crianças sobre as atitudes que devemos ter em relação às plantas?

Saber Ser

CAPÍTULO 9

As partes das plantas

Joaquim e Márcia estão sob a sombra de uma árvore. Veja sobre o que eles conversam.

Ilustrações: Vicente Mendonça/ID/BR (crianças), Cecilia Iwashita/ID/BR

- Você sabe qual é o nome dessa árvore? Como descobriu?
- Se você tivesse que descrever essa árvore para alguém, diria que ela é alta ou baixa? Que informações você usou para descobrir o tamanho dela?
- Quais partes da árvore você consegue ver na imagem? Existe alguma parte dela que não aparece na cena?

Como são as plantas

Embaixo dos galhos e das folhas de árvores, nós nos protegemos do sol e descansamos. Morcegos se alimentam de frutos, e beija-flores sugam o líquido nutritivo das flores. As raízes das plantas ajudam o solo a não ser levado pela água e pelo vento. Assim, vemos que os seres vivos e o ambiente se relacionam com diferentes partes das plantas.

Representação da planta de milho, mostrando suas principais partes.

Raiz, **caule**, **folhas**, **flores**, **frutos** e **sementes** são partes que podem compor uma planta. As flores, os frutos e as sementes podem aparecer apenas em certos períodos da vida da planta.

Existem plantas que não têm alguns desses componentes, como os pinheiros, que não têm flores nem frutos, e os musgos, que não têm caule, flores, frutos ou sementes.

1 **As ilustrações a seguir mostram o desenvolvimento de um pé de feijão. Escreva as partes que a planta apresenta em cada etapa de vida.**

Representação sem proporção de tamanho entre os elementos.

_______ _______ _______ _______

_______ _______ _______ _______

_______ _______ _______ _______

A raiz

A **raiz** é a parte da planta que absorve água e sais minerais do ambiente. Porém, ela pode ter também outras funções. Por exemplo, as raízes da cenoura, do rabanete e da mandioca armazenam substâncias nutritivas para a planta.

As raízes subterrâneas fixam as plantas no solo, dando-lhes sustentação.

As raízes que ficam enterradas no solo são chamadas de raízes **subterrâneas**. As que ficam submersas na água são chamadas de raízes **aquáticas**. As que crescem acima do nível do solo são chamadas de raízes **aéreas** e podem se fixar a troncos de árvores e rochas.

A parte da cenoura que comemos é uma raiz subterrânea.

As raízes aquáticas do aguapé não prendem a planta ao fundo dos rios.

As raízes aéreas da orquídea absorvem água da chuva.

1 Você já observou a raiz de alguma planta em seu dia a dia? Em caso afirmativo, qual? ______

2 Muitas raízes servem de alimento para os seres humanos e outros seres vivos. Você já comeu alguma raiz? Se sim, qual?

______

O caule

A água e os sais minerais absorvidos do solo pelas raízes chegam a outras partes da planta passando pelo **caule**. Ele também distribui o alimento produzido nas folhas para raízes, flores, sementes e frutos.

Os caules podem ser rígidos e resistentes, como o tronco dos ipês, ou mais flexíveis, como o caule do maracujazeiro.

Andre Dib/Pulsar Imagens

O caule das árvores, como o ipê, é chamado tronco.

Nublee bin Shamsu Bahar/Shutterstock.com/ID/BR

O caule do maracujazeiro é fino e delicado.

A maioria dos caules cresce acima do solo, como os troncos das árvores; são os chamados **caules aéreos**. Outros ficam enterrados no solo e recebem o nome de **caules subterrâneos**. Certos caules armazenam nutrientes produzidos pelas plantas.

loveguli/iStock/Getty Images

O caule aéreo da cana-de-açúcar armazena açúcares produzidos pelas folhas.

Chris_Elwell/iStock/Getty Images

O caule subterrâneo da batata-inglesa armazena nutrientes produzidos pela planta.

1 **O caule de algumas árvores pode abrigar animais. Você já observou algum exemplo? Converse com os colegas.**

Na prática

Testando a função do caule na planta

Vimos que o caule transporta substâncias para as diversas partes da planta. Vamos testar essa função do caule, vendo o que acontece com uma flor quando ela é colocada em água com corante?

Você vai precisar de:

- 1 flor branca com cerca de 10 centímetros de caule
- 1 copo plástico transparente com um pouco de água
- corante alimentício vermelho ou azul
- tesoura com pontas arredondadas
- 1 colher

Experimente

1. Coloque o caule da flor dentro da água no copo e, com cuidado para não se machucar, corte-o **dentro da água**. Não retire o caule cortado da água!
2. Despeje o corante na água e mexa bem com a colher.
3. Observe o que ocorre depois de uma hora e no dia seguinte.

Cecília Iwashita/ID/BR

Rafael Schimidt/Acervo do fotógrafo

Responda

1 Qual era a cor da flor no começo do experimento? E depois de uma hora? E no dia seguinte? Desenhe no espaço abaixo a flor nesses três momentos.

2 Como você relaciona o resultado do experimento à função do caule?

A folha

ACESSE O RECURSO DIGITAL

A **folha** é a parte da planta onde geralmente é produzido o alimento das plantas e onde ocorrem as trocas de gases com o ar do ambiente. A folha tem estruturas especiais que usam a água, a luz e o gás carbônico para produzir substâncias nutritivas para a planta.

As folhas podem ter tamanhos e formatos muito diferentes. Em geral, elas são verdes, mas podem ser de outras cores também.

Octavio Cardoso/Pulsar Imagens

Algumas folhas, como as da vitória-régia, flutuam na água.

Earth Photography/Alamy/Fotoarena

Algumas plantas, como a árvore-de-são--sebastião, têm folhas avermelhadas.

1 **Desenhe pelo menos três tipos diferentes de folhas encontradas na sua escola ou perto dela.**

Almanaque Horta&Liça

Disponível em: <https://www.embrapa.br/busca-de-publicacoes/-/publicacao/882657/almanaque-hortalica-urbano-em-as-hortalicas-superpoderosas>. Acesso em: 3 out. 2017.

O almanaque contém uma história em quadrinhos sobre a importância de consumir hortaliças e diversas atividades relacionadas a esse consumo.

A flor, o fruto e a semente

A maioria das plantas tem **flores**. As flores são muito diversificadas: algumas são coloridas e têm cheiro, e outras são muito pequenas e sem perfume. Elas participam da reprodução das plantas e podem dar origem a frutos e sementes.

Fabio Colombini/Acervo do fotógrafo

A flor do pequizeiro é relativamente grande e tem cheiro forte.

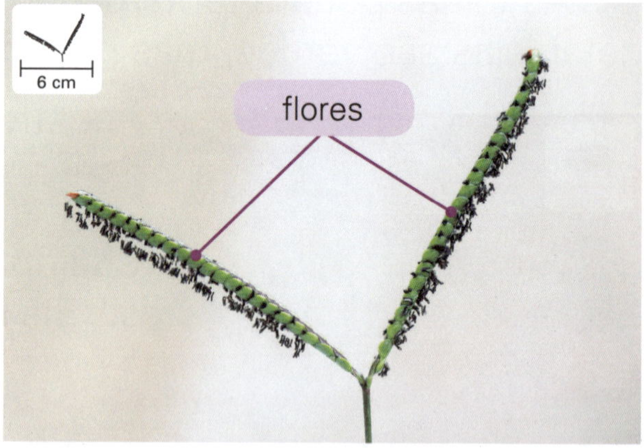

Fabio Colombini/Acervo do fotógrafo

As flores da grama são pequenas e não têm cheiro.

As plantas que têm flores também produzem **frutos**. Os frutos protegem as **sementes** em seu interior. Em condições favoráveis, as sementes podem dar origem a novas plantas.

Alguns frutos, como a laranja, o limão e o mamão, têm muitas sementes. Outros, como a manga e o abacate, têm apenas uma semente. Sementes como feijão, soja e ervilha são nutritivas e consumidas por animais. Sementes de soja e de girassol, por exemplo, são também usadas para produção de óleos.

Cecília Iwashita/ID/BR

Fabio Colombini/Acervo do fotógrafo

O fruto do amendoim é seco. O que comemos são as sementes.

TheaDesign/iStock/Getty Images

O abacate é um fruto com muita polpa e apenas uma semente, que chamamos de caroço.

Os frutos também são muito diversos: variam em suas formas, cores e sabores. A jabuticaba e a goiaba são exemplos de frutos doces e carnosos, isto é, com polpa. Existem também frutos secos, como a vagem do feijão e do amendoim. A abobrinha, o jiló, o quiabo e o chuchu são exemplos de frutos comestíveis que não são doces quando maduros.

nizok/iStock/Getty Images

O tomate é um fruto suculento que tem muitas sementes.

1 **A pata-de-vaca, mostrada abaixo, é uma árvore comum em muitas cidades do Brasil. Ela recebeu esse nome por causa da forma de suas folhas.**

Fotografias: Haroldo Palo Jr./Acervo do fotógrafo

Valéria Vaz/ID/BR

ACESSE O RECURSO DIGITAL

a. Escreva os nomes das partes indicadas pelas letras **A**, **B**, **C** e **D**.

b. Que parte da árvore não está visível na foto? ____________________

2 **Circule os frutos carnosos.**

Representação sem proporção de tamanho entre os elementos.

Mamão.

Amêndoa.

Vagem.

Manga.

Ilustrações: Cecília Iwashita/ID/BR

Aprender sempre

1 Observe a ilustração da planta e complete os espaços do texto com as palavras do quadro.

raiz	solo	caule	fruto	folha	alimento

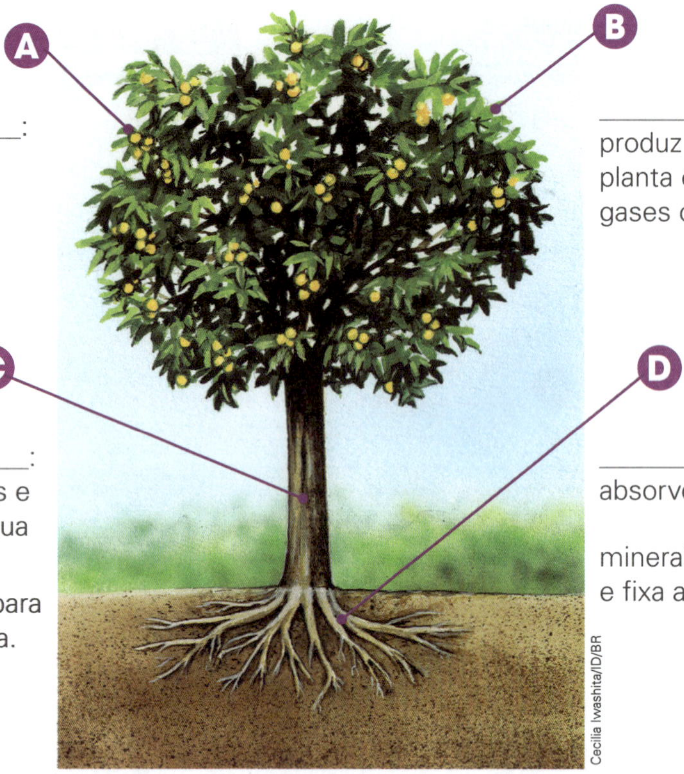

Cecília Iwashita/ID/BR

A ____________________: protege a semente.

B ____________________: produz alimento para a planta e realiza a troca de gases com o ambiente.

C ____________________: sustenta folhas, flores e frutos e transporta água e ________________ para várias partes da planta.

D ____________________: absorve a água e sais minerais do ____________ e fixa a planta.

2 Observe as imagens. Em seguida, escreva o nome do alimento que cada animal está comendo e a que parte da planta esse alimento corresponde.

Representação sem proporção de tamanho entre os elementos.

____

____

____

____

____

____

____

____

____

Ilustrações: Cecília Iwashita/ID/BR

3 **Com um colega, leia o trecho a seguir da letra da música "Pomar". Depois, respondam às questões.**

Banana, bananeira

Goiaba, ____________________

____________________, laranjeira
Maçã, macieira
Mamão, mamoeiro

Abacate, ____________________
[...]

Al Stefano/ID/BR

Edith Derdyk e Paulo Tatit. Pomar. Intérprete: Palavra Cantada. Em: *Canções de brincar*. São Paulo: Palavra Cantada Produções Musicais, 1996. 1 CD. Faixa 11.

a. Completem as lacunas com os nomes das plantas e dos frutos que estão faltando.

b. Procurem no dicionário o significado da palavra **pomar**. Por que a música recebeu esse título?

4 **Para reforçar seus conhecimentos sobre as partes das plantas, junte-se a um colega para participar do Jogo da memória.**

- Destaquem as peças do jogo nas páginas 141 e 143.
- Distribuam as cartas sobre a mesa, com as figuras voltadas para cima. Observem as fotos, leiam as legendas e montem os pares.
- Virem todas as cartas voltadas para baixo e embaralhem essas cartas. Depois de bem embaralhadas, posicionem as cartas na mesa.
- Façam um sorteio para saber quem vai começar.
- O primeiro jogador deve desvirar duas cartas. Se elas forem iguais, ele deverá retirar as cartas da mesa.
- Se as cartas forem diferentes, o jogador deve virar novamente as cartas e passar a vez para o próximo jogador.
- O jogo deve seguir até que sejam encontrados todos os pares de cartas. Vence o jogador que formar mais pares.

CAPÍTULO

10 Cultivar e proteger

As plantas precisam de cuidados para sobreviver, seja em ambientes naturais ou construídos. Plantas que vivem em ambientes naturais precisam que eles sejam preservados. Observe as fotos abaixo e leia as legendas.

Ronaldo Almeida/Tyba

Ipê em área natural, Guarani, Minas Gerais. É cada vez mais raro encontrar o ipê-amarelo em seu ambiente natural. Foto de 2016.

Fabio Colombini/Acervo do fotógrafo

Ipê em avenida de Curitiba, no Paraná. Os ipês-amarelos são muito usados na arborização das cidades. Foto de 2015.

- **Compare os ipês mostrados nas fotos A e B. Em que ambiente eles estão?**
- **Qual dos ipês foi provavelmente plantado por seres humanos?**
- **Você já viu um ipê-amarelo em seu município?**
- **Em sua opinião, por que o ipê-amarelo é uma árvore plantada em ruas, parques e jardins?**

Plantas cultivadas

ACESSE O RECURSO DIGITAL

O ser humano costuma **cultivar** as plantas que usa na alimentação e na fabricação de alguns produtos.

Cultivar: plantar.

As plantas cultivadas em nosso país podem ser **nativas do Brasil**, ou seja, originárias daqui, como o buriti e a mandioca, ou **exóticas**, isto é, originárias de outros países e que foram trazidas para cá, como o feijão e o café.

Muitos alimentos são obtidos de plantas cultivadas, como frutas, verduras, grãos e legumes.

Gabriel Santos/Tyba

A alface é nativa da Ásia, mas é muito cultivada no Brasil. Mirandópolis, São Paulo. Foto de 2015.

Hans von Manteuffel/Tyba

Nos mercados há muitos tipos de frutas cultivadas, tanto nativas quanto exóticas. João Pessoa, Paraíba. Foto de 2017.

Plantações podem fornecer também material para a produção de objetos, de medicamentos, de álcool combustível e de outros produtos.

Gerson Sobreira/Terrastock

O algodoeiro fornece o algodão usado na fabricação de tecidos. Costa Rica, Mato Grosso do Sul. Foto de 2015

Gerson Gerloff/Pulsar Imagens

Troncos de eucalipto são usados para fazer casas, móveis e outros objetos. São Pedro do Sul, Rio Grande do Sul. Foto de 2015.

1 Plantas podem ser cultivadas para outros usos além dos que foram citados no texto? Dê alguns exemplos.

Plantas espontâneas

Existe uma grande variedade de plantas que crescem de maneira espontânea em ambientes naturais do Brasil, isto é, nascem e se desenvolvem sem a necessidade de ser cultivadas pelo ser humano.

Plantas nativas do Brasil nascem espontaneamente em ambientes de nosso país. São exemplos árvores como o jatobá, mostrado na foto ao lado, e a seringueira.

Mas há também plantas exóticas que podem crescer espontaneamente em ambientes brasileiros, ainda que não sejam naturais do nosso país, como a jaqueira, que é nativa da Ásia.

A mangueira, como a que aparece na foto ao lado, é nativa da Ásia (assim como a jaqueira) e se desenvolve bem em muitas regiões brasileiras. As primeiras **mudas** de mangueira foram trazidas para o Brasil há cerca de trezentos anos.

Muda: planta jovem.

Sofia Colombini/Acervo da fotógrafa

O jatobá é uma árvore nativa brasileira.

Cesar Diniz/Pulsar Imagens

A mangueira é uma árvore exótica.

1 No lugar onde você mora, existem ruas ou praças arborizadas? Em sua opinião, que importância essas árvores têm para as pessoas? Converse com os colegas.

Saber Ser

Plantas espontâneas nativas

O Brasil tem uma das maiores diversidades de plantas nativas comestíveis do mundo. Apesar disso, não há nenhuma espécie nativa entre as dez espécies frutíferas mais consumidas no país. Vamos conhecer algumas dessas frutas?

Inácio Teixeira/Pulsar Imagens

O abricó-do-pará tem polpa firme e saborosa. É mais encontrado nas feiras da Região Norte.

Scott Zona/Acervo do fotógrafo

As flores do abricó-do-pará são muito perfumadas e podem ser usadas na fabricação de licores.

Geraldo Gomes/Opção Brasil Imagens

A guabiroba é apreciada por aves e seres humanos. É mais encontrada em feiras e mercados da Região Sul.

Luciano Queiroz/Latinstock Brasil RF/Latinstock

A floração da guabiroba acontece de setembro a novembro. É uma flor muito usada em arranjos ornamentais.

Arthit Buarapa/Alamy/Fotoarena

A pitomba vem embalada numa casquinha. Cada fruto tem pouca polpa. É cultivada nas regiões Norte e Nordeste.

Cel Coimbra/Acervo da fotógrafa

As flores da pitombeira são pequenas e aparecem em cachos junto às folhas, quase não sendo possível notá-las.

Na prática

Uma coleção de folhas

Os cientistas fazem coleções de folhas, flores, frutos e sementes para estudar o conjunto de plantas de uma região. As partes de plantas colecionadas podem ser conservadas por muitos anos.

Você vai precisar de:

- folhas, flores e sementes caídas
- livros pesados
- folhas de papel avulsas
- lápis ou caneta
- sacos plásticos transparentes
- jornal
- fita adesiva
- bloco de notas
- tesoura com pontas arredondadas
- cola branca
- luvas plásticas

Experimente

1. Use luvas para coletar folhas, flores ou sementes caídas. A coleta pode ser feita no pátio da escola onde você estuda, em praças ou em outros locais. Escolha folhas ainda verdes e que não estejam secas.
2. Olhe ao redor para procurar a planta de onde veio cada folha.
3. Escreva o nome dela, se você souber, e se estava com flores ou frutos. Lembre-se de anotar a data e o local em que a planta foi colhida.

Atenção!

Um adulto deverá acompanhar você na coleta de folhas. Pequenos animais podem se esconder embaixo de folhas caídas. Use um graveto para virar as folhas antes de pegá-las. Não coloque nenhuma folha na boca e lave as mãos após esta atividade.

Cecília Iwashita/ID/BR

4. Coloque as folhas e as flores esticadas entre dois jornais. Deixe um livro pesado em cima por uma ou duas semanas. Troque os jornais úmidos a cada três dias.
5. Após esse período, as folhas e as flores devem estar secas. Cole-as em uma folha de papel com pequenos pedaços de fita adesiva. Use uma folha de papel para cada planta.
6. Coloque as sementes, se houver, dentro de um saco plástico transparente. Cole no papel a embalagem com as sementes. Escreva as informações que anotou durante a coleta. Você também pode fazer um desenho da planta, se quiser.

Cecilia Iwashita/ID/BR

Responda

1 Você e os colegas coletaram as mesmas plantas?

____

2 Anote abaixo pelo menos quatro diferenças nas características das plantas coletadas.

____

____

____

____

3 Qual é a importância de anotar as datas das coletas?

____

____

____

Plantas nativas ameaçadas de extinção

> **Flora:** conjunto de plantas de uma região.

Como acontece com alguns animais, certas plantas da **flora** brasileira que nascem espontaneamente no ambiente estão ameaçadas de extinção. Se elas forem extintas, isso significa que deixarão de existir na natureza.

O mogno é um exemplo de árvore brasileira ameaçada de extinção. Por muitos anos, essa planta foi retirada da mata e novas mudas não foram plantadas. O jacarandá-da-bahia e a cerejeira também são árvores ameaçadas de extinção. A madeira dessas plantas é muito procurada para fazer móveis.

As árvores não são as únicas plantas que correm risco de desaparecer. Certas orquídeas são retiradas das matas para ser vendidas para ornamentação. As flores das sempre-vivas são coletadas para fazer enfeites e arranjos decorativos.

Fabio Colombini/Acervo do fotógrafo

O mogno é uma árvore muito alta originária da Região Norte do Brasil.

blickwinkel/Stenner/Alamy/Fotoarena

A catleia é uma orquídea brasileira ameaçada de extinção, originária de florestas do litoral do Brasil.

Enrico Marone/Pulsar Imagens

Flores de sempre-vivas são encontradas em geral no estado de Minas Gerais ou no interior da Bahia.

Proteção às plantas ameaçadas

ACESSE O RECURSO DIGITAL

Existem leis de proteção à flora. Mesmo assim, muitas áreas são desmatadas e plantas são retiradas ilegalmente. Isso pode causar a extinção de determinadas plantas e também de animais.

Algumas áreas desmatadas podem ser recuperadas por **reflorestamento**, mas o crescimento das plantas geralmente é lento. Assim, as áreas reflorestadas demoram muitos anos para ficarem parecidas com o que eram antes do desmatamento.

Fabio Colombini/Acervo do fotógrafo

As mudas desse viveiro serão plantadas em áreas desmatadas. Itu, São Paulo. Foto de 2015.

Reflorestamento: plantio de novas árvores para recuperar uma área desmatada.

1 **Forme um grupo com dois colegas, leiam o texto a seguir e troquem ideias sobre ele.**

O pau-brasil é a árvore-símbolo do Brasil.

No passado, sua madeira foi usada para construir barcos e casas e para obter um corante vermelho. Tantas árvores foram cortadas que o pau-brasil quase desapareceu das matas brasileiras.

Pesquisas recentes revelam que o pau-brasil pode ser usado para tratar doenças. Essa descoberta dá mais importância à árvore e pode ajudar a protegê-la.

Fabio Colombini/Acervo do fotógrafo

O pau-brasil é originário da floresta litôranea que vai do nordeste ao sul do litoral do Brasil.

Texto para fins didáticos.

- No passado, o que poderia ter sido feito para evitar que o pau-brasil se tornasse uma árvore rara? E no presente?

Saber Ser

O capim-dourado da Mumbuca

Mumbuca é uma **comunidade quilombola** situada na região do Parque Estadual do Jalapão, no estado do Tocantins. A comunidade foi formada por povos negros que deixaram a Bahia em busca de melhores condições de vida há cerca de 200 anos. Hoje, vivem da agricultura, do turismo e da produção e venda de artesanato feito com o **capim-dourado**.

Comunidade quilombola: comunidade rural criada por africanos e afrodescentes que conseguiram escapar da escravidão no Brasil. Ao longo do tempo, pessoas de outras origens, que também eram discriminadas ou perseguidas, como indígenas ou brancos pobres, se juntaram aos quilombos.

Franco Hoff/Pulsar Imagens

Povoado da Mumbuca, no município de Mateiros, Tocantins. Foto de 2011.

Fabio Paradise/Pulsar Imagens

As flores do capim-dourado ficam agrupadas na ponta das hastes da planta.

O capim-dourado é nativo e abundante no Jalapão. Ele cresce espontaneamente e recebe esse nome por causa de sua cor dourada e brilhante. A planta tem uma haste longa e, na ponta da haste, estão as flores, que dão origem aos frutos e às sementes.

Brincos, anéis, enfeites de casa, bolsas e cestos são alguns objetos feitos com as hastes do campim-dourado. Eles são depois vendidos em muitas regiões do Brasil.

O dia 20 do mês de setembro é considerado um dia de festa para toda a comunidade. É o início da colheita do capim-dourado, que envolve homens, mulheres e até crianças. A festa da colheita do capim-dourado da Mumbuca já é um evento tradicional na região, com brincadeiras para as crianças, cavalgadas, exposições, jogos, *shows* e outras atividades.

Além do sustento, a produção e a venda do artesanato feito com o capim-dourado fornecem recursos para que a comunidade de Mumbuca fortaleça a identidade e a cultura de sua população.

Andre Dib/Pulsar Imagens

Colheita do capim-dourado por moradora do povoado de Mumbuca. Mateiros, Tocantins, 2014.

Cassandra Cury/Pulsar Imagens

Artesã trançando cesto de capim-dourado na comunidade de Mumbuca. Mateiros, Tocantins, 2014.

1 O que são comunidades quilombolas?

2 No texto que você acabou de ler, identifique quais são os produtos feitos com o capim-dourado.

3 De acordo com as informações do texto, o capim-dourado é nativo ou exótico? É cultivado ou cresce espontaneamente?

4 O conhecimento de artesãos e de pesquisadores ajudaram a entender a época certa e a forma de colheita do capim-dourado. Em sua opinião, qual é a importância desse tipo de informação?

5 Você já conhecia o capim-dourado? Gostaria de ter alguma peça feita com esse material?

Fabio Paradise/Pulsar Imagens

Aprender sempre

1 Paulo viu várias orquídeas na mata de um parque que ele visitou. Ele pensou em levar algumas para casa e presentear sua mãe. O que você diria a ele?

Al Stefano/ID/BR

2 Leia o texto a seguir.

A araucária, também chamada de pinheiro-do-paraná, é a árvore-símbolo do estado do Paraná. Sua madeira é muito usada para a fabricação de móveis e papel.

A extração para o uso da madeira colocou a araucária na lista das espécies ameaçadas de extinção.

Cadu Rolim/Fotoarena

Araucárias em Curitiba, Paraná. Foto de 2015.

Texto para fins didáticos.

a. Quais são os usos da araucária citados no texto?

____

b. Converse com os colegas: Atualmente, existe pouco da área original das araucárias. O que vocês acham que pode ser feito para reverter essa situação?

3 Observe as ilustrações a seguir. Marque com um **X** as plantas que fornecem alimento aos seres humanos.

☐ 

Feijoeiro.

☐ 

Milho.

☐ 

Eucalipto.

Ilustrações: Cecília Iwashita/ID/BR

4 Crie um manual de instruções para montar uma horta. Faça um desenho para cada frase a seguir.

Prepare o solo para o cultivo.	Plante as sementes.	Regue as plantas e observe o desenvolvimento delas.

5 Observe a foto da árvore do cacau e do fruto dela no detalhe.

No interior do fruto do cacau estão as sementes envolvidas pela polpa.

Cacaueiro em Linhares, Espírito Santo. Foto de 2016.

- Agora, leia as frases a seguir. Descubra qual parte do cacau é usada na fabricação de cada alimento.

A parte da planta que protege as sementes e é usada para fazer sucos e geleias: ______________________.

A parte da planta que pode dar origem a uma nova planta e é usada na fabricação do chocolate: ______________________.

CAPÍTULO

11 O corpo e o ambiente

Ver um cheiro, ouvir uma cor. Isso parece estranho? Pode soar exagerado, mas será que é possível, por exemplo, reconhecer objetos sem usar os olhos? Observe a situação apresentada abaixo e converse com os colegas sobre as questões.

André Aguiar/ID/BR

- É possível descobrir, com os olhos vendados, quais objetos estão sobre a mesa?
- Se você estivesse com os olhos vendados, como faria para diferenciar uma borracha de um lápis? Que partes do corpo usaria?
- Como você faria para descrever um apontador para uma pessoa que nunca viu esse objeto?

Os sentidos

A todo momento recebemos informações do ambiente sobre o que está a nossa volta. Essas informações são percebidas pelo nosso corpo por meio dos nossos **sentidos**.

Ouvimos sons com as orelhas, **vemos** imagens com os olhos, **sentimos cheiros** com o nariz e os **gostos** com a língua. A pele nos permite ter sensações quando **tocamos** ou somos tocados. Quase sempre usamos mais de um sentido ao mesmo tempo.

Orelhas, **olhos**, **nariz**, **língua** e **pele** são os **órgãos** dos sentidos.

Órgão: parte do corpo com funções específicas.

1 A menina está atenta à janela. Que informações ela recebe do ambiente?

____

____

____

____

Ilustra Cartoon/ID/BR

2 Os sentidos nos ajudam a perceber situações de perigo. Converse com a turma: Como o menino percebeu a situação de perigo? Que sentido ele usou?

Ilustrações: Giz de Cera/Léo Fanelli/ID/BR

3 Apresentem exemplos de como prevenir acidentes usando os sentidos.

Visão e audição

A visão permite que você enxergue e leia, por exemplo, o que está escrito nesta página. A audição permite que você escute o que os colegas falam, entre outros sons.

Visão

A visão é o sentido que nos permite perceber o tamanho, a forma, as cores e a distância de tudo o que está à nossa volta.

Os **olhos** são os órgãos da **visão**. Para formar imagens, eles precisam receber luz. Por isso, não conseguimos enxergar bem em ambientes muito escuros, onde há pouca luz.

Quando algo cai sobre o olho, como um cisco, a sensação é de grande desconforto. Os **cílios** são pelos que ajudam a proteger os olhos.

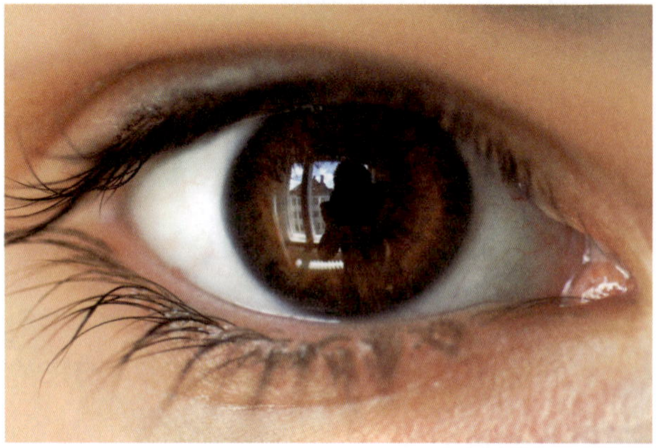

Rocky89/iStock/Getty Images

Os cílios protegem os olhos da poeira e de pequenos organismos.

Audição

ACESSE O RECURSO DIGITAL

A **audição** é o sentido que nos permite perceber os sons. As **orelhas** são os órgãos responsáveis por esse sentido. Os estímulos dos sons que chegam às orelhas são conduzidos para o interior do corpo. A cera e os pelos que existem nesse órgão evitam a entrada de sujeira e de pequenos organismos no corpo.

Goh Siok hian/Dreamstime.com/ID/BR

A parte externa da orelha tem um formato que ajuda na recepção dos sons.

Sons muito altos podem prejudicar a audição e causar dores de cabeça, irritação e dificuldade de concentração.

1 Feche os olhos e cubra as orelhas com as mãos. Imagine que você não vê nem ouve nada. Converse com os colegas: Que informações do ambiente chegam até você?

Na prática

De onde vem o som?

Você consegue perceber de que direção um som está vindo? Convide um colega para participar desta atividade de adivinhação. É só seguir os passos abaixo.

Vocês vão precisar de:

- 1 cadeira
- 1 chocalho
- 1 venda para os olhos

Experimentem

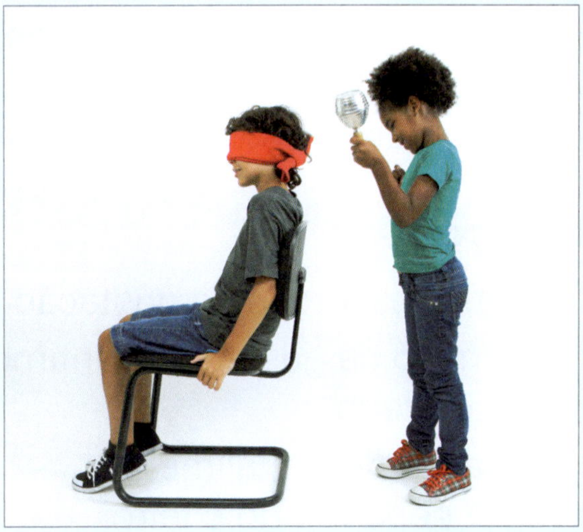

Alexandre Dotta/ID/BR

1. Um dos participantes deve sentar na cadeira e vendar os olhos.
2. O participante que está em pé deve sacudir o chocalho em diferentes posições em relação à cabeça do colega: à frente, atrás, do lado direito, do lado esquerdo, acima, abaixo, etc. O chocalho deve ser sacudido sempre com a mesma força e a mesma quantidade de vezes.
3. Quem está sentado tenta adivinhar a direção da origem do som e fala seu palpite em voz alta.
4. Se quem estiver sentado acertar, o colega desenha um círculo verde no caderno. Se ele errar, o colega desenha um **X** vermelho.
5. Em seguida, os lugares são trocados e o experimento é repetido.

Respondam

1 Vocês conseguiram descobrir a direção da origem do som do chocalho?

____

2 Alguma das posições foi mais difícil de adivinhar do que as outras?

____

3 Qual pode ser a explicação para esse resultado?

Olfato e gustação

A **gustação** é o sentido que nos permite identificar os gostos. Com o **olfato**, identificamos os cheiros.

Olfato

Os cheiros são percebidos pelo **nariz**, órgão do olfato. Podemos perceber muitos cheiros diferentes, alguns agradáveis e outros não.

Por meio desse sentido, conseguimos identificar situações de perigo, como o cheiro de fumaça em um incêndio.

Al Stefano/ID/BR

É possível reconhecer vários alimentos usando apenas o olfato.

Gustação

O principal órgão da gustação é a **língua**.

Por meio da gustação, sentimos **gostos**, como salgado, doce, amargo e azedo.

O **sabor** de um alimento também depende do cheiro que ele tem. Portanto, a percepção do sabor inclui dois sentidos: a gustação e o olfato.

PauloVilela/iStock/Getty Images

Muitos alimentos possuem mais de um gosto. A carambola, por exemplo, é, ao mesmo tempo, doce e azeda.

Quando estamos gripados, o nariz fica entupido, por isso, podemos ter a impressão de que a comida está sem sabor.

É preciso tomar muito cuidado com o que colocamos na boca. Você nunca deve manipular produtos de limpeza, como sabão em pó e água sanitária. Eles são bastante tóxicos e, se ingeridos, podem causar vômitos e deixar você muito doente. O mesmo vale para os remédios: só um adulto pode definir que remédio você deve tomar. Nunca tome remédios por conta própria!

Na prática

O cheiro do sabor

Será que o cheiro realmente ajuda a definir o sabor das coisas? Junte-se a um colega para fazer um teste.

Vocês vão precisar de:

- frutas cristalizadas de pelo menos três sabores bem diferentes: maçã, pera, abacaxi, melancia, melão, etc.
- 1 copinho plástico para cada sabor escolhido
- 1 venda para os olhos

Tolola/iStock/Getty Images

Algumas opções de frutas cristalizadas.

Experimentem

1. Seu colega deve experimentar um pedaço da fruta cristalizada de cada sabor escolhido separado em um copinho. Isso servirá de referência.
2. Vende os olhos do colega de modo que ele não consiga ver nada.
3. Dê um pedaço de fruta ao colega (sem dizer que fruta é) e peça a ele que a identifique.
4. Se ele acertar o sabor, desenhe um rosto com um sorriso no caderno. Se ele errar, desenhe um rosto triste.
5. Repita os passos 3 e 4 até oferecer todas as frutas.
6. Depois, tampe o nariz do colega com seus dedos de modo que ele tenha de respirar pela boca. Os olhos dele devem permanecer vendados. Repita os passos 3 e 4.

André Aguiar/ID/BR

Respondam

1 Quantos sabores o colega acertou com o nariz destampado?

____

2 Quantos sabores o colega acertou com o nariz tampado?

____

3 O resultado desse experimento mostra que o cheiro ajuda na percepção do sabor dos alimentos?

Tato

Pelo **tato**, percebemos as sensações causadas por algo que está em contato com nossa pele. Podemos saber se um objeto que tocamos é frio, quente, macio, duro, áspero, liso, molhado ou seco, por exemplo. Alguns tipos de dor, como a que sentimos ao ferir o dedo em um espinho, também são percebidos pelo tato.

A **pele**, que é o órgão que envolve nosso corpo, é que nos permite ter essas sensações. A pele pode ter diferentes tons, que variam de pessoa para pessoa.

Ilustrações: Al Stefano/ID/BR

Tanto a percepção de dor quanto a de temperatura alta são um alerta de que podemos nos machucar.

1 **Observe a imagem abaixo e indique uma situação para cada sentido que está sendo usado: tato, gustação, audição, olfato e visão.**

Al Stefano/ID/BR

Menina bonita de laço de fita
Disponível em: <https://www.youtube.com/watch?v=UhR8SXhQv6s>. Acesso em: 17 nov. 2017.

Acesse o *link* para assistir a uma animação adaptada da obra de Ana Maria Machado, que aborda de maneira sensível a questão da diversidade de tons de pele.

Na prática

A sensibilidade da pele

Você acha que, em certas áreas do corpo, a pele é mais sensível do que em outras? Junte-se a um colega e façam o teste!

Vocês vão precisar de:

- 2 lápis apontados
- fita adesiva

Sérgio Dotta Jr./ID/BR

Experimentem

1. Juntem os dois lápis mantendo as pontas na mesma altura, como mostrado na foto acima. Usem a fita adesiva para unir os lápis.
2. Com muito cuidado, toquem diferentes partes do corpo do colega com as pontas dos lápis: as costas, os braços, as mãos, as pernas, os pés e as bochechas. Prestem atenção: Vocês sentem as duas pontas dos lápis ou apenas uma?

Atenção!

Cuidado para não ferir a pele com as pontas dos lápis!

Sérgio Dotta Jr./ID/BR

Respondam

Complete a tabela com as partes do corpo tocadas e suas sensações.

Partes do corpo	Quantas pontas de lápis sentiu?

1 Qual sensação indica maior sensibilidade da pele: sentir uma ou duas pontas de lápis?

2 Consulte a tabela que você preencheu e circule as partes do corpo testadas que são mais sensíveis.

3 O resultado está de acordo com o que você respondeu no início do experimento?

Aprender sempre

ACESSE O RECURSO DIGITAL

1 No quadro abaixo, cada símbolo representa uma letra. Decifre a mensagem e escreva a frase nos espaços a seguir.

Ilustrações: Ilustra Cartoon/ID/BR

2 Às vezes, os órgãos dos sentidos não identificam com clareza as informações do ambiente. Então, é preciso usar objetos que facilitem a percepção dessas informações. Quais sentidos estão relacionados aos objetos das fotos?

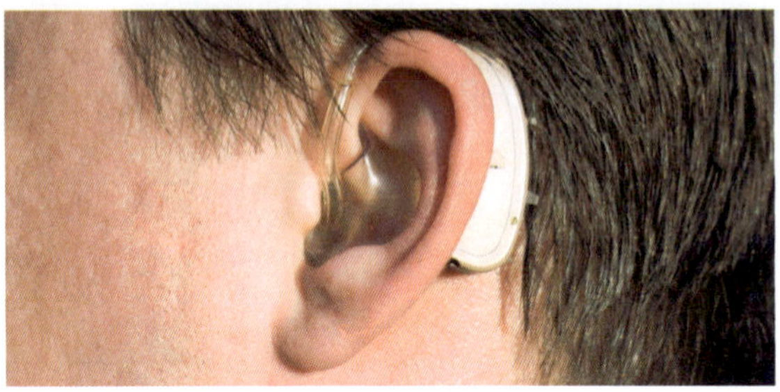

andras_csontos/iStock/Getty Images

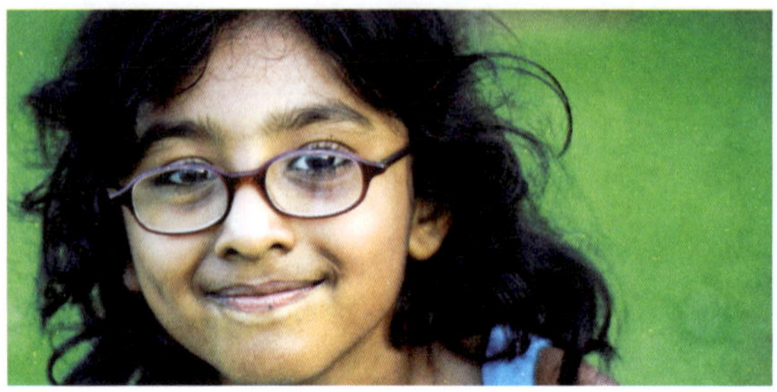

Sunduslive/iStock/Getty Images

3 Leila está gripada e com o nariz entupido. Ela achou a comida sem sabor, mas sua avó disse que usou o mesmo tempero de sempre.

- Por que a comida parece ter menos sabor quando estamos gripados?

Al Stefano/ID/BR

4 Leia o texto abaixo.

Milena não enxerga desde que nasceu. Ela sabe ler e escrever. Seus livros são escritos em um sistema chamado braille. Esse sistema é utilizado por pessoas com deficiência visual.

No sistema braille, as letras do alfabeto e os números são representados por pontos em relevo. O leitor com deficiência visual passa as mãos sobre os pontos para ler.

Marilyn Nieves/iStock/Getty Images

Criança lendo em braille.

Texto para fins didáticos.

a. Que sentido Milena usa para ler?

____

b. Em muitas calçadas, há uma sinalização para que pessoas com deficiência visual percebam o limite entre a calçada e a rua. Você conhece essas sinalizações? Você acha que elas são importantes? Discuta com os colegas.

Saber Ser

Gerson Gerloff/Pulsar Imagens

Calçada com sinalização para pessoa com deficiência visual. Santa Maria, Rio Grande do Sul. Foto de 2017.

5 Observe a ilustração.

- Estamos sempre usando mais de um sentido ao mesmo tempo. Explique isso com base na imagem.

Al Stefano/ID/BR

CAPÍTULO

12 Cada coisa em seu lugar

Imagine que sirvam água para você beber em um copo de papel sulfite. Ou, então, que você tenha de dormir em um colchão feito de madeira. Isso parece estranho? Provavelmente sim, pois estamos acostumados aos objetos do nosso cotidiano, que comumente têm determinadas formas e são feitos de determinados materiais. Observe alguns exemplos na ilustração abaixo.

Ilustra Cartoon/ID/BR

- **Você consegue identificar de que materiais são feitos alguns dos objetos que aparecem na ilustração?**
- **Para que servem as joelheiras e as cotoveleiras das crianças?**
- **Quais são as características dos materiais de que geralmente são feitas as joelheiras e as cotoveleiras?**

Do que isso é feito?

Camas, mesas e cadeiras muitas vezes são feitas de madeira. Copos e garrafas podem ser feitos de vidro. Panelas e facas quase sempre são de metal, como alumínio, ferro ou aço. Travesseiros e colchões são feitos, geralmente, com espumas. Roupas são feitas com tecidos que podem ser de algodão e de outros materiais, como seda, lã e acrílico. Sapatos e bolas são normalmente feitos de couro ou de plásticos variados.

Usamos muitos objetos em nosso dia a dia. Eles são feitos de materiais com características próprias.

1 Manipule e analise três objetos do seu dia a dia. Depois, preencha a tabela com informações sobre os materiais que formam esses objetos e para que eles são usados.

Objeto	Material	Uso

2 Você percebeu alguma relação entre os materiais e o uso dos objetos? Em caso afirmativo, qual?

3 Converse com um adulto de sua família que tenha mais de 60 anos de idade. Pergunte a ele como eram os brinquedos quando ele era criança. Eles eram feitos com os mesmos materiais dos brinquedos de hoje em dia? Anote alguns dos materiais que o adulto citou nas linhas abaixo.

Um material para cada coisa

Um único objeto pode ser feito com mais de um tipo de material. Por exemplo, os *skates*, como o da imagem ao lado, geralmente têm as rodinhas de plástico, a prancha de madeira e cola, além de diversos componentes de metal. Os materiais têm características próprias e diferentes entre si. Vejamos a seguir.

Masterfile/Latinstock

Criança fazendo manobras com o *skate*.

Materiais rígidos e flexíveis

Rocha e papel: Qual é a diferença entre esses objetos? Existem muitas, mas uma que chama bastante a atenção é o fato de que um deles é muito rígido e o outro é muito mais flexível.

Materiais **rígidos** são aqueles que não mudam de forma facilmente quando os apertamos, esticamos, tentamos dobrá-los ou torcê-los.

Assim, eles são usados para construir objetos que precisam ser resistentes. O tijolo que usamos para fazer paredes é um exemplo de objeto feito de material rígido.

StockphotoVideo/Shutterstock.com/ID/BR

Algumas partes das bicicletas são feitas de materiais rígidos. Assim, seu formato se mantém mesmo após o uso cotidiano.

1 É uma boa ideia usar materiais rígidos para fazer cadeiras e mesas? Por quê?

2 Qual objeto é mais rígido: uma rocha ou uma folha de papel? Por quê?

Materiais **flexíveis** são aqueles que mudam de forma com relativa facilidade quando os apertamos, esticamos, tentamos dobrá-los ou torcê-los.

É importante mencionar que um objeto rígido pode ser um pouco flexível também. E o contrário também acontece. Por exemplo, uma barra de ferro é bastante rígida, mas também um pouco flexível. Ela pode até mudar de forma, mas para isso seria necessário aplicar muita força.

Já a almofada do sofá é bastante flexível, mas também tem um pouco de rigidez. Quando você se apoia nela, sua forma é alterada só até determinado ponto.

Steve Collender/Shutterstock.com/ID/BR

As bexigas são bastante flexíveis, por isso é possível dobrá-las e torcê-las de diversos modos.

3 **Qual objeto é mais flexível: um copo de vidro ou uma bola de borracha? Descreva uma característica que justifique sua resposta.**

4 **Quando puxamos a corda de um arco, estamos deformando o material que o compõe. Observe as imagens abaixo e responda: Podemos dizer que o arco é flexível? Por quê?**

Ilustrações: Ilustra Cartoon/ID/BR

Materiais transparentes, translúcidos e opacos

As lentes dos óculos, um vidro embaçado e uma cortina de janela interagem de maneira diferente com a luz. Você percebe qual é essa diferença?

Alguns materiais permitem que a luz passe através deles. Assim, é possível ver uma imagem bem detalhada daquilo que está atrás desse material. Nesse caso, dizemos que o material é **transparente**.

Em outros casos, também é possível ver o objeto que está atrás do material, mas a imagem é embaçada, sem detalhes de contornos. Então, dizemos que o material é **translúcido** e apenas parte da luz o atravessa.

Muitos materiais são **opacos** e não permitem que a luz os atravesse. Não somos capazes de enxergar objetos localizados atrás desse tipo de material.

5 Lente de óculos, vidro embaçado e cortina de janela: Qual deles é transparente, qual é translúcido e qual é opaco?

6 Escreva abaixo de cada imagem se o material mostrado é transparente, translúcido ou opaco.

kzww/Shutterstock.com/ID/BR

____

Stockforlife/Shutterstock.com/ID/BR

____

Nastco/iStock/Getty Images

____

7 Qual tipo de material (transparente, translúcido ou opaco) seria o mais adequado para as janelas do seu quarto se você quisesse um ambiente escuro para dormir? Por quê?

____

8 Quando alguém acende uma luz num quarto escuro, percebemos que ela foi acesa mesmo se estivermos com os olhos fechados. O que você pode dizer, então, sobre a pálpebra, a pele que recobre nossos olhos?

Cuidados com materiais do dia a dia

Certas características dos materiais e dos objetos podem trazer riscos à nossa saúde e ao nosso bem-estar. Por isso, é preciso tomar alguns cuidados.

Em casa, não mexa em facas e tesouras. Além de rígidas, elas são muito **afiadas** e, assim, cortam com muita facilidade outros materiais. Peça a um adulto que manipule objetos cortantes para você.

Nunca pegue as panelas que estão em cima do fogão. Elas **esquentam** com facilidade e podem causar queimaduras na pele. Somente os adultos devem mexer com objetos quentes. Não toque em tomadas e fios elétricos descobertos. Os fios de eletricidade são feitos de materiais capazes de transportar a **energia elétrica** com facilidade. Por isso, ao entrarmos em contato direto com eles, podemos levar choques que causam desconforto ou queimaduras na pele, e até danos mais sérios à saúde.

As panelas podem ficar muito quentes e causar queimaduras.

Ilustrações: Ilustra Cartoon/ID/BR

Vários materiais com que entramos em contato no dia a dia não devem ser colocados na boca. Alguns podem conter organismos que causam doenças. Outros, como os produtos de limpeza e de higiene pessoal, podem nos deixar muito doentes se os engolirmos. Remédios também devem ser tomados apenas quando necessário e na presença de um adulto.

Apenas um adulto pode indicar quando você deve tomar um remédio. Nunca tome remédio sozinho e por conta própria!

1 **Cite dois exemplos, retirados do texto acima, de situações de risco que poderiam acontecer em sua casa. Cite um exemplo que não foi citado no texto.**

Pessoas e lugares

As pipas de Osasco: leveza, união e troca

ACESSE O RECURSO DIGITAL

Osasco é um município vizinho à capital do estado de São Paulo. Assim como em muitos outros locais do Brasil, em Osasco ainda persiste a tradição de **empinar pipas**, também conhecidas por papagaios ou pandorgas.

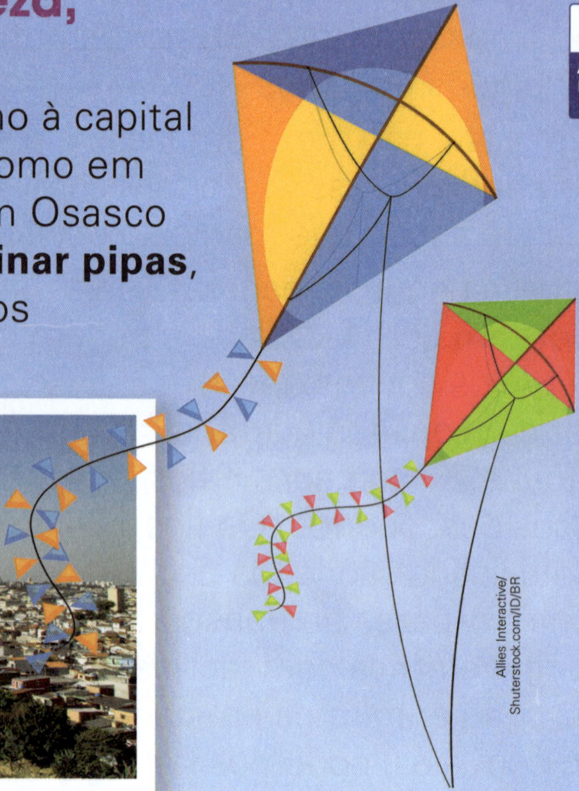

Allies Interactive/Shutterstock.com/ID/BR

Fábio Vieira/FotoRua/Folhapress

Fotografia panorâmica da cidade de Osasco, São Paulo, em 2017.

Em Osasco, há tantas pessoas que gostam de empinar pipas que, em 2016, foi organizado o primeiro Campeonato Brasileiro de Pipas, no bairro de Cidade das Flores. O campeonato é uma maneira de resgatar essa tradição, que era comum principalmente em bairros das grandes cidades. Jovens de várias partes do Brasil acompanham a celebração. Há quem diga que esse município virou a capital brasileira da pipa.

Lá, como acontece em quase todo canto, muitas brincadeiras ao ar livre foram substituídas pelo uso do celular, do *tablet*, do computador ou do *videogame*.

Seja para os moradores locais ou para quem veio de longe prestigiar o campeonato, valorizar a brincadeira com a pipa é uma forma de motivar as crianças a ficar entre amigos e a brincar ao ar livre.

Felipe Larozza/Acervo do fotógrafo

Encontro de pipas em Osasco, São Paulo, em 2015, realizado um ano antes do campeonato.

Além disso, as crianças aprendem com os mais velhos a confeccionar pipas. Assim, a brincadeira estimula a convivência e a troca com os pais, os avós e os tios.

E você? Já empinou uma pipa? O primeiro passo é ter a pipa em mãos. Esse brinquedo pode ser feito em casa, mas é necessária a ajuda de um adulto. Os materiais são muito simples. Em uma das maneiras de se fazer a pipa, usamos duas varetas de madeira, fita adesiva ou cola, linha e papel de seda. Esses materiais têm características que facilitam o voo da pipa, como leveza e flexibilidade.

Para voar, além de a pipa ser feita com materiais e forma adequados, o ambiente precisa ter características favoráveis. Ele deve ser aberto, seguro e com presença de vento moderado. Não pode estar chovendo: além de ser perigoso por conta dos raios, a pipa pode molhar e ficar pesada.

Sergio Ranalli/Pulsar Imagens

A brincadeira com a pipa é realizada ao ar livre e muitas vezes promove a interação com amigos e familiares.

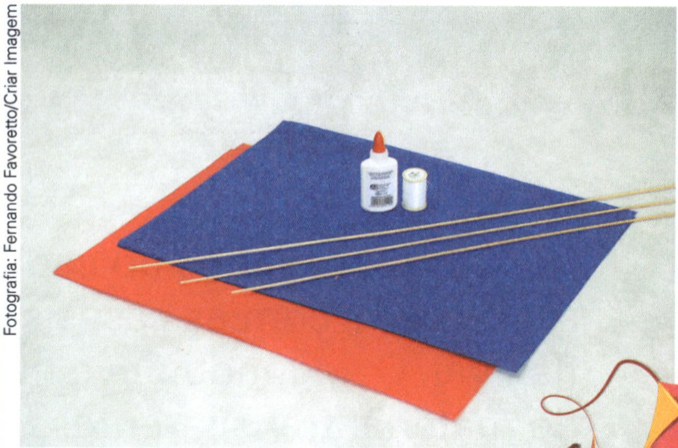

Fotografia: Fernando Favoretto/Criar Imagem

Ilustração: Irina Qiwi/Shutterstock.com/ID/BR

Materiais usados para fazer uma pipa.

Atenção!

Não empine pipas embaixo da rede elétrica. Isso pode levar a acidentes com choques, causando ferimentos graves.

1 Se você nunca empinou pipa, tem vontade de experimentar essa brincadeira? Quais os vários nomes que essa brincadeira pode ter?

Phatthanit/Shutterstock.com/ID/BR

2 Onde você vive, as crianças têm o hábito de empinar pipa?

3 Quais são as principais características dos materiais necessários para fazer uma pipa?

4 Por que uma pipa deve ter essas características?

Aprender sempre

1 Indique se os objetos apontados na ilustração a seguir devem ser feitos de materiais rígidos ou flexíveis.

Ilustra Cartoon/ID/BR

2 Faça dois desenhos no caderno. O primeiro deve mostrar o que aconteceria com as casas se os tijolos fossem feitos de material flexível. O segundo deve mostrar uma casa com paredes feitas de material transparente.

3 Complete a tabela a seguir dando pelo menos dois exemplos de objetos com a característica indicada.

Característica	Exemplos de objetos
Rígido	
Flexível	
Transparente	
Opaco	
Translúcido	

4 Brincar é parte fundamental da infância. Mas nem todas as crianças têm acesso a brinquedos. Imagine que você fique responsável por criar um brinquedo novo, com materiais simples e fáceis. Converse com os colegas sobre como ele seria. Que materiais você usaria? Por quê?

Saber Ser

5 As lentes dos óculos na foto ao lado são translúcidas ou transparentes? Por quê?

Christin Lola/iStock/Getty Images

6 É muito comum encontrar banheiros com janelas feitas com vidros translúcidos em vez de transparentes. Por que essa escolha é feita?

7 A lã é muito usada como material para a confecção de agasalhos em locais de clima bem frio. Que características da lã permitem esse uso?

8 Os fios elétricos são feitos de fios de metal envolvidos por uma capa de borracha ou de plástico. Se você tocar na parte de metal, poderá levar um choque. Se tocar na parte de plástico, não.

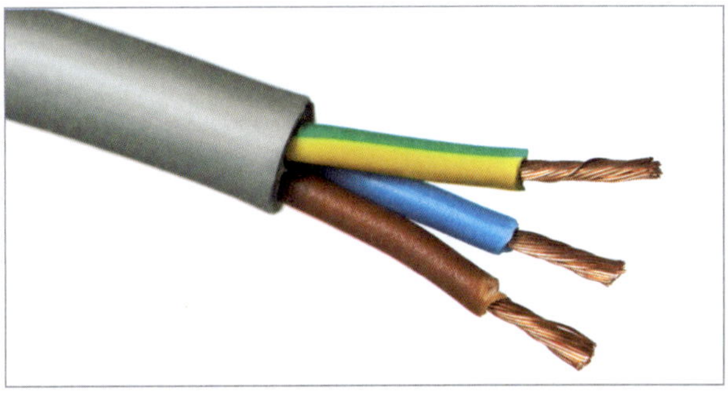

Vasilyev Alexandr/Shutterstock.com/ID/BR

- Qual desses materiais transporta com mais facilidade a energia elétrica?

Sugestões de leitura

Ática/Arquivo da editora

Uma viagem à Lua, de Mary França e Eliardo França. Editora Ática.

Sete criaturas nascidas de uma gota de tinta fazem uma viagem pelo espaço. Ao acompanhar essa jornada, você vai conhecer algumas características do Universo.

Esta casa é minha!, de Ana Maria Machado. Editora Moderna.

Uma família decide sair da cidade para viver na praia, perto da mata. Conheça, nesse livro, as mudanças que ocorrem nesse ambiente com a chegada das pessoas.

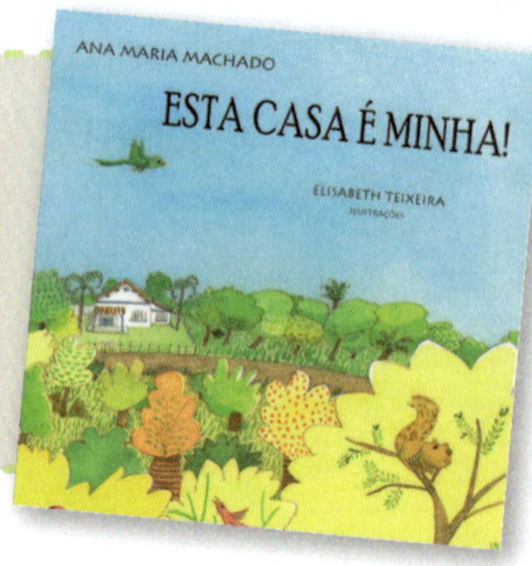

Moderna/Arquivo da editora

Edições SM/Arquivo da editora

O rei dos animais, de Miguel Tanco. Edições SM.

O que acontece quando o leão resolve criar leis para dar fim a todas as coisas que o incomodam? Apesar de ser o poderoso rei da savana, será que os outros animais vão aceitar as novas regras do leão?

Brasileirinhos, de Lalau e Laurabeatriz. Companhia das Letrinhas.

O Brasil apresenta uma grande variedade de animais. Muitos deles, porém, estão correndo risco de extinção. Nesse livro, você encontra poemas e ilustrações dedicados a alguns desses animais.

Companhia das Letrinhas/Arquivo da editora

Escrituras/Arquivo da editora

Flores da floresta Amazônica,
de Margaret Mee. Editora Escrituras.

Esse livro celebra o centenário do nascimento da artista inglesa e traz desenhos feitos em suas viagens pela floresta, além de comentários sobre as plantas e os animais da região.

Árvores do Brasil: cada poema no seu galho, **de Lalau e Laurabeatriz. Editora Peirópolis.**

Descubra informações e curiosidades sobre quinze árvores brasileiras nessa obra, que homenageia esses grandes seres vivos que tantos benefícios trazem ao ambiente.

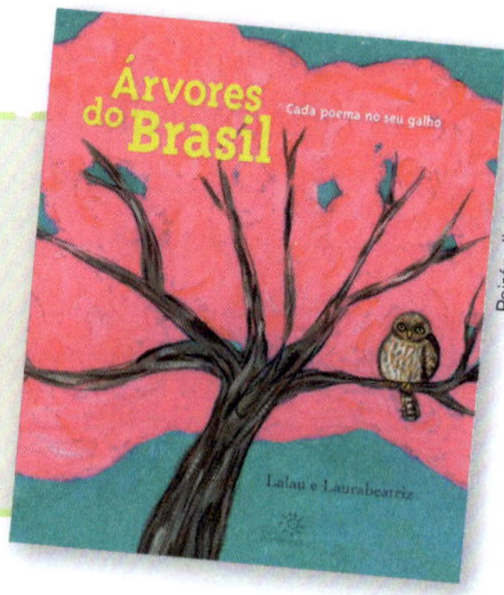

Peirópolis/Arquivo da editora

Editora do Brasil/Arquivo da editora

Sinto o que sinto com cinco sentidos,
de Ellen Pestili. Editora do Brasil.

Os cinco sentidos proporcionam sensações variadas. Esse livro apresenta esses sentidos de forma lúdica, relacionando-os à percepção que temos do mundo.

O que é preciso?, **de Gianni Rodari. Editora Kalandraka.**

Esse poema inicia-se questionando o que é preciso para fazer uma mesa. Essa pergunta é seguida por uma série de outras, que levam até a origem do material necessário.

Kalandraka/Arquivo da editora

Bibliografia

BARNES, R. D.; RUPPERT, E. E.; FOX, R. S. *Zoologia dos invertebrados*. 7. ed. São Paulo: Roca, 2005.

BRASIL. Ministério da Educação. Conselho Nacional de Educação. *Diretrizes curriculares nacionais para o Ensino Fundamental de 9 (nove) anos*. Parecer CNE/CEB n. 11/2010. Brasília: CNE-CEB-MEC (versão aprovada em 7 jul. 2010).

______. Secretaria de Educação Básica. *Base nacional comum curricular*: educação é a base. Brasília: MEC, 2017.

______. Secretaria de Educação Fundamental. *Parâmetros curriculares nacionais*: ciências naturais. 2. ed. Rio de Janeiro: DP&A, 2000.

______. Secretaria de Educação Fundamental. *Parâmetros curriculares nacionais*: meio ambiente e saúde. 2. ed. Rio de Janeiro: DP&A, 2000.

______. Secretaria de Educação Fundamental. *Parâmetros curriculares nacionais*: pluralidade cultural. 2. ed. Rio de Janeiro: DP&A, 2000.

CAMPOS, M. C. C.; NIGRO, R. G. *Teoria e prática em ciências na escola*: o ensino-aprendizagem como investigação. São Paulo: FTD, 2009.

CARVALHO, A. M. P. de. *Ciências no Ensino Fundamental*: o conhecimento físico. São Paulo: Scipione, 2009.

DELIZOICOV, D.; ANGOTTI, J. A.; PERNAMBUCO, M. M. *Ensino de ciências*: fundamentos e métodos. 3. ed. São Paulo: Cortez, 2009.

FARIA, R. P. *Fundamentos da astronomia*. 10. ed. Campinas: Papirus, 2009.

FUNDAÇÃO NICOLAS HULOT. *Ecoguia*: guia ecológico de A a Z. São Paulo: Landy, 2008.

GASPAR, A. *Experiências de ciências para o Ensino Fundamental*. São Paulo: Ática, 2005.

GOMES, M. V. *Educação em rede*: uma visão emancipadora. São Paulo: Cortez-Instituto Paulo Freire, 2004.

GROTZINGER, J.; JORDAN, T. *Para entender a Terra*. 6. ed. São Paulo: Bookman, 2013.

HEWITT, P. G. *Física conceitual*. 12. ed. São Paulo: Bookman, 2015.

JOLY, A. B. *Botânica*: introdução à taxonomia vegetal. São Paulo: Companhia Editora Nacional, 1993.

LORENZI, H. *Árvores brasileiras*. Nova Odessa: Instituto Plantarum, 2009.

______; SOUZA, H. M. *Plantas ornamentais no Brasil*. Nova Odessa: Instituto Plantarum, 2008.

NICOLINI, J. *Manual do astrônomo amador*. 4. ed. Campinas: Papirus, 2004.

ODUM, E. P. *Ecologia*. Rio de Janeiro: Guanabara Koogan, 2009.

______; BARRETT, G. W. *Fundamentos de ecologia*. São Paulo: Cengage Learning, 2007.

PERRENOUD, P. *As competências para ensinar no século XXI*. Porto Alegre: Artmed, 2007.

RAVEN, P. H.; EVERT, R. F.; EICHHORN, S. E. *Biologia vegetal*. 8. ed. Rio de Janeiro: Guanabara Koogan, 2014.

REES, M. (Org.). *Universe*. London: Dorling Kindersley, 2012.

RIBEIRO-COSTA, C. S.; ROCHA, R. M. (Org.). *Invertebrados*: manual de aulas práticas. 2. ed. Ribeirão Preto: Holos, 2006.

RICKLEFS, R. E.; RELYEA, R. *A economia da natureza*. 7. ed. Rio de Janeiro: Guanabara Koogan, 2016.

SCHMIDT-NIELSEN, K. *Fisiologia animal*: adaptação e meio ambiente. 5. ed. São Paulo: Santos Editora, 2002.

SICK, H. *Ornitologia brasileira*. Rio de Janeiro: Nova Fronteira, 2001.

SOBOTTA, J. *Atlas de anatomia humana*. 23. ed. Rio de Janeiro: Guanabara Koogan, 2013.

SOCIEDADE BRASILEIRA DE ANATOMIA. *Terminologia anatômica*. Barueri: Manole, 2001.

TEIXEIRA, W. (Org.). *Decifrando a Terra*. 2. ed. São Paulo: Ibep-Nacional, 2008.

TORTORA, G. J.; DERRICKSON, B. *Corpo humano*: fundamentos de anatomia e fisiologia. 10. ed. Porto Alegre: Artmed, 2016.

VANCLEAVE, J. P. *Astronomy for every kid*. New York: John Wiley & Sons, 1991.

WINSTON, R. *Body*: an amazing tour of human anatomy. London: Dorling Kindersley, 2005.

ZABALA, A. *A prática educativa*. Porto Alegre: Artmed, 1998.

DESTACAR E COLAR

PÁGINA 18 › ATIVIDADE 2

Ilustrações: André Aguiar/ID/BR

PÁGINA 50 › ATIVIDADE 1

Ilustrações: André Aguiar/ID/BR

Destacar e colar

Página 90 › Atividade 1

Ilustrações: Cecilia Iwashita/ID/BR

Destacar e jogar

Página 101 › Atividade 2 - jogo da memória

FRUTO DO LIMOEIRO

Brand x Pictures/ID/BR

FRUTO DO MAMOEIRO

Shutterstock.com/ID/BR

FOLHAS DE PINHEIRO

Shutterstock.com/ID/BR

FOLHA DE SAMAMBAIA

Shutterstock.com/ID/BR

SEMENTES DE GIRASSOL

Markus Guhl/Getty Images

SEMENTE DE ABACATE

ANCH/Shutterstock.com/ID/BR

FLORES DE ORQUÍDEA

kajornyot/Shutterstock.com/ID/BR

FLORES DE CEREJEIRA

NH/Shutterstock.com/ID/BR

CAULE DE IPÊ-AMARELO

Silvestre Silva/Opção Brasil Imagens

CAULE DE JABUTICABEIRA

Rita Barreto/ID/BR

JOGO DA MEMÓRIA
PARTES DAS PLANTAS

JOGO DA MEMÓRIA
PARTES DAS PLANTAS

JOGO DA MEMÓRIA
PARTES DAS PLANTAS

JOGO DA MEMÓRIA
PARTES DAS PLANTAS

JOGO DA MEMÓRIA
PARTES DAS PLANTAS

JOGO DA MEMÓRIA
PARTES DAS PLANTAS

JOGO DA MEMÓRIA
PARTES DAS PLANTAS

JOGO DA MEMÓRIA
PARTES DAS PLANTAS

JOGO DA MEMÓRIA
PARTES DAS PLANTAS

JOGO DA MEMÓRIA
PARTES DAS PLANTAS

Destacar e jogar

Página 111 › Atividade 2 – jogo da memória

FRUTO DO LIMOEIRO
Brand X Pictures/ID/BR

FRUTO DO MAMOEIRO
Shutterstock.com/ID/BR

FOLHAS DE PINHEIRO
Shutterstock.com/ID/BR

FOLHA DE SAMAMBAIA
Shutterstock.com/ID/BR

SEMENTES DE GIRASSOL
Markus Guhl/Getty Images

SEMENTE DE ABACATE
ANCH/Shutterstock.com/ID/BR

FLORES DE ORQUÍDEA
kajornyot/Shutterstock.com/ID/BR

FLORES DE CEREJEIRA
NH/Shutterstock.com/ID/BR

CAULE DE IPÊ-AMARELO
Silvestre Silva/Opção Brasil Imagens

CAULE DE JABUTICABEIRA
Rita Barreto/ID/BR

JOGO
DA MEMÓRIA
PARTES DAS
PLANTAS